NETGENERATION OG NØRDKULTUR

LARS KONZACK
IAN DALL

DEBATBOG

Netgeneration og Nørdkultur

1. udgave, 1. oplag

Forlag: Books on Demand GmbH, København, Danmark
Tryk: Books on Demand GmbH, Nordstedt, Tyskland

ISBN: 978-87-7691-4424

www.konzack.dk

Tak til
Mette Trier Konzack,
Marianne Pedersen og
Line Young Peteri.

Indhold

En sociologisk generation opstår, når en gruppe jævnaldrende siger fra over for de andres historier, og i stedet fortæller deres egen.

Henrik Dahl

Kulturskifte

Vi står overfor et stort generationsskifte. En generation, der gennem årtier har siddet sikkert på den kulturelle magt i det offentlige, overlader denne magt frivilligt eller ufrivilligt til den næste generation.

Sidste gang vi oplevede, at en generation satte sig på den kulturelle magt i samfundet, så vi en lang række skred i de kulturelle værdier og holdninger. Det var en ny generation, der ikke havde lignende fortilfælde i historien. De var blevet en del af en helt ny samfundstype, som vi i dag kalder informationssamfundet eller vidensamfundet. Derfor stod de også helt uforberedte på denne situation, hvilket gav dem følelsen af at være den første ungdom i historien.

Den nærmeste forklaringsmodel var faktisk marxismen, der talte om et utopisk postindustrielt samfund installeret af proletariatet. På trods af at de unge i 1960erne og 1970erne ikke var proletarer, så var det alligevel den bedste beskrivelse af deres nuværende situation, hvor de styrede staten gennem en lang række offentlige velfærdsstillinger.

Selvom det altså var den bedste beskrivelse, de havde, så var det ikke en korrekt beskrivelse, og generationen kom derfor til at begå en lang række fejltagelser. Blandt andet støttede de diktaturer i den tredje verden og fik en misforstået opfattelse af, at indsigt og viden nærmest opstod intuitivt. Det sidste skyldtes, at den dengang unge generation ikke havde nogen pejlemærker, blev de nødt til at stole på deres intuition. Derfor blev en del af ungdomskulturen også glade for at tage stoffer og undersøge det ubevidste. Ligeledes ønskede de for andre, at man skulle leve i nuet og lade være med at tænke, men bare føle.

Akademikerne stolede desuden for meget på autoriteter som Marx, der talte om en intuitiv historisk bevidsthed til forståelse af det materielle. Andre fraktioner stolede på, at Freud og Jung kunne begribe det underbevidste. Generationen stolede på guruer, der påstod at besidde hemmelige indsigter. I deres opgør mod de sædvanlige autoriteter, fik de installeret nogle nye, der forvirrede tingene mere, end de forklarede dem. Som udgangspunkt er der imidlertid ikke noget i vejen med autoriteter, det vil sige folk man stoler på, man skal bare være varsom og selektiv med, hvem man vælger at stole på.

En anden grund til misforståelser var en dårlig modernistisk tidsforståelse, nemlig at fremtiden var lig med nutiden, hvor det reelt set gælder, at nutiden er på vej til at blive til fortiden. Af samme grund forsøgte generationen hele tiden at forstå sig selv som unge – også selvom de ikke længere forblev unge, fordi de i deres unge dage havde opfattet ungdom som en særlig kvalitet, der legitimerede deres position i samfundet. Da det efterhånden blev absurd at påstå, at de stadig var unge – selv når de talte om at have et ungt sind, gik de over til en postmodernistisk tidsforståelse, hvor tiden holder op med at eksistere. Historiens endeligt. Det var korrekt, at den modernistiske tidsforståelse var forkert, men det postmodernistiske alternativ var om end endnu mere fejlagtigt. Tiden går, og det er udgangspunktet for at forstå forandring og udvikling.

Den dengang unge generation havde klaret sig bedre på langt sigt, hvis de havde analyseret deres livssituation med et egentligt rationelt, historisk perspektiv.

Generationsskiftet i dag minder om dengang, idet en ung generation er på vej til at tage de stillinger i samfundet, hvor der medfølger kulturel magt. Forskellen fra dengang er, at de har noget at kigge tilbage på. De kan lære af de fejltagelser den tidligere generation begik. De behøver ikke blot stole på deres intuition, men har faktisk et fortilfælde, de kan analysere og forholde sig til.

Det betyder også, at når generations- og holdningsskiftet finder sted, vil det ikke blot blive en bevidstløs gentagelse, men et videreudviklet perspektiv, hvor de unge står på skuldrende af den ældre generation.

Generationer

Vi generaliserer gerne voldsomt over de forskellige generationer, hvilket egentligt ikke er helt rimeligt, da en generation består af mange forskellige mennesker, hver med deres egen individuelle historie. Dette er derfor ikke et forsøg på at fortælle noget om, hvordan alle i en generation opfører sig. Det er ikke desto mindre historien om, hvordan vi er på vej mod et generationsbestemt magtskifte i kulturen.

Derfor tøver vi heller ikke med at sige, at der findes generationsforskelle. Hver generation oplever sammen begivenheder, som er med til at påvirke deres syn på tilværelsen og skaber dermed et fælles ståsted. Det kan være alt fra krig og uddannelse til teknologi og arbejde. Alle disse mange oplevelser skaber individer, og hvis disse individer har mange af de samme oplevelser at være sammen om, skaber de en samhørighed, der tilsammen skaber grundlaget for en generation.

Udgangspunktet er at forstå, hvilke begivenheder og oplevelser, som de mange forskellige individer oplever i fællesskab, og som dermed danner et skæbnefællesskab.

I denne sammenhæng er interessen heller ikke rettet mod alle subkulturer i en given generation, men kun den gruppe indenfor en given generation, der opnår en kulturel magt, der gør dem i stand til at tale på hele generationens vegne og påvirke langt ud over deres egen lille subkultur, hvorved deres kultur bliver mainstream i samfundet.

Den kernegruppe i en generation, der af sociokulturelle årsager, besætter den kulturelle magt, er nemlig i stand til at sætte en dagsorden, der forplanter sig til samfundet i stedet for blot at forblive i kernegruppen.

I det følgende skal tre generationer kort præsenteres: Den første er født i 1940erne og 1950erne. Populært er de blevet kaldt 68erne, men i denne sammenhæng for at ramme bredere, vil vi kalde dem kollektivistgenerationen, da deres ideal er kollektivisme. Den næste generation er født i

1960erne og 1970erne og blev i sin tid kaldt nå-generation eller yuppier. Her skal de mere neutralt benævnes individualister, da de har individualisme som ideal.

Den næste generation er født i 1980erne og 1990erne. Det er denne generation, vi skal beskæftige os mest med, da den er ny og sætter en markant anderledes dagsorden end de to foregående. Det er en generation, der er vokset op med mobiltelefon, computer og Internettet, derfor får de navnet netgenerationen. Som vi skal se i det følgende er et karakteristika ved denne generation, at de er meget påvirket af nørdkultur, hvilket får stor indflydelse på det store generationsskift, som vi kommer til at opleve i 2010erne.

Kulturel magt

Det er ikke alle i en given generation, der får kulturel magt. Faktisk er det kun de grupper, der i en given generation er intellektuelt og kulturel interesserede, der tager den. Men det er ikke nok bare at være intellektuelt og kulturelt interesseret, de enkelte medlemmer i gruppen skal også indtage positioner i samfundet, der gør, at vedkommende kan udøve kulturel magt.

Det kan være forskerstillinger på universitetet, en stilling som museumsinspektør eller forfatter, men det kan også være redaktør, designer eller foredragsholder. Nogle stillinger giver formel kulturel magt. Det er som oftest offentlige stillinger, mens andre især selvstændige eller privatansatte bygger på en mere uformel kulturel magt. Nogle stillinger –

især forskerstillinger – arbejder ud fra en tilgang til kulturel magt, der er idéudviklende, mens andre eksempelvis journalister og skolelærere i højere grad blot er kulturformidlende.

Den enkelte kan selvfølgelig opnå en vis kulturel magt, men den forslår ikke meget, hvis den ikke støttes af ligesindede. Det er derfor, det er afgørende for den kulturelle magt, at den indgår i et større netværk af fælles interesser. En given kulturel gruppe med et fælles perspektiv kan være med til at støtte hinanden, således at den kulturelle magt forekommer bastant og nærmest entydig.

Det oplevede man i 1970erne, da en på det tidspunkt ung gruppe af hippie-marxister nemlig kollektivisterne havde sat sig på en lang række offentlige stillinger i samfundet. Det betød, at man fik nogenlunde enslydende svar på samfundsproblemerne, hvad enten man spurgte en ung forsker, en ung skolelærer, eller en ung politiker – og journalisten, der stillede spørgsmålene kunne også vise sig at være ung kollektivist. Ligeledes havde generationen (eller i hvert fald dem, der besad kulturel magt) et nogenlunde fælles syn på kunst og kultur.

Hvis man var konspirationsteoretiker, kunne man nemt tro, at der var tale om en planlagt operation. Men selvom der faktisk blev planlagt en del happenings og demonstrationer, så var den primære drivkraft bag fænomenet, at dem i generationen, der besad kulturel magt, havde et skæbnefællesskab, hvilket gav dem fælles fokus og perspektiv på samfund, kunst og kultur. De var naturligvis påvirket af hinanden og ikke mindst nogen lidt ældre kulturpersonligheder. Men der var ikke nogen hemmelig plan.

I dag hører vi stadig de unge fra 1970ernes synspunkter i medierne. Det skyldes, at de i en ung alder besatte kulturelle magtbastioner, og de har siddet der lige siden. På den måde har generationen opnået, at deres synspunkter stadig holdes i hævd – og det på trods af, at de ikke er synkrone med, hvad der ellers foregår i samfundet. Sagt med andre ord, de er forældede og har været det i årevis.

Hvad der er mindst lige så interessant er, at kollektivistgenerationen lykkedes at besætte den kulturelle magt på en sådan måde, at der ikke rigtig var plads til den næste generation, og derfor har de holdt den yngre generations holdninger ude. Deres synspunkter er ikke på samme måde blevet en del af, hvad der er normalt at mene, fordi de ikke har haft adgang til disse meningsdannende stillinger i samfundet.

Dermed blev der skabt en generationskløft mellem kollektivisterne og individualisterne, der var den næste generation. Derfor fik individualisterne også langt sværere ved at komme igennem med deres ideer og udvikle dem.

En særlig kvalitet ved kulturel magt er, at hvis en gruppe har haft den længe, bliver deres holdninger til, hvad der er normalt at mene, så almindelige, at de bliver usynlige, og derfor bliver de også meget svære at italesætte, fordi alt forstås i forhold til normalen, der altså opfattes som en normalværdi lig med et nulpunkt, hvor ud fra alt andet tolkes.

Informationssamfundet

Jævnligt bliver der talt om, at vi har et informationssamfund eller vidensamfund. Nogle vil hævde, at det skyldes de mange computere, eller at vi ikke længere producerer landbrug og teknologi, men information. De to nævnte forklaringer er noget vrøvl.

Grunden til, at vi kan kalde vores samfund et informationssamfund, er, at hovedparten af befolkningen er ansat indenfor informations- eller videnerhverv – og det gælder helt sikkert dem med kulturel magt. Danmark har teknisk set aldrig været et industrisamfund. Vi gik faktisk direkte fra et landbrugssamfund til et informations- og servicesamfund. Der har nemlig aldrig været en majoritet af den danske befolkning ansat i industrien – kun lokalt og primært i de store byer, men helt frem til midten af 1960erne var industri og landbrug de to vigtigste erhvervsgrundlag.

Det ændrer sig som sagt i midten af 1960erne, hvor pludselig over halvdelen af befolkningen er ansat indenfor information- og servicefag. Denne tendens er kun forøget siden. I dag er over tre fjerdedele af befolkningen ansat indenfor information og service – og især antallet af videnarbejdere er steget. Under en femtedel er ansat i industrien og under en tyvendedel er ansat i landbruget. Før i tiden, da hovedparten af befolkningen, var ansat i landbruget, var det dem, politikerne talte til. I dag interesserer sig de næsten kun sig for den del af befolkningen af historiske årsager, og fordi der ligger en stor del af dansk eksport i landbruget. Men som vælgergruppe er de så godt som uinteressante.

Hvad, der er afgørende i denne sammenhæng, er, at vi får en stor del af vores socio-kulturelle identitet gennem vores arbejde, vores status og stilling i samfundet. Hvis de fleste er ansat i landbruget har de en selvforståelse, der bygger på årets gang i landbruget. Hvis de fleste er ansat i industrien baserer de deres selvforståelse på, hvordan industriens effektivitet fungerer og overfører den på, hvordan de opfatter sig selv og andre.

Tilsvarende gælder, at hvis man er ansat som videnarbejder, er perspektivet forskudt således, at man værdsætter de værdier og holdninger, der følger med arbejdet. Det har også betydning for identitet og selvforståelse, om man er offentligt eller privat ansat videnarbejder. Perspektivet forskydes, og prioriteringer forflyttes, hvilket igen danner basis for holdninger og værdier.

Det interessante ved kollektivisterne, individualisterne og netgenerationen er, at de alle på hver deres måde udspringer af informationssamfundet. De nævnte generationer har alle eksisteret i en tid, hvor videnarbejde er den dominerende beskæftigelse. Det giver dem faktisk et skæbnefællesskab på tværs af de tre generationer, hvilket gør dem interessante i en sammenligning af værdier og holdninger.

Krig og krise

En af de historiske faktorer, der samlet påvirker en generation er krig. Krig har indflydelse på mange menneskers liv, hvad enten de er direkte involveret i krigshandlingerne eller blot hører om dem. Kollektivistgenerationen voksede op på baggrund af anden verdenskrig og begyndelsen af den kolde krig. I deres ungdomsår fulgte de i fjernsynet, hvordan amerikanske soldater blev sendt i krig i Vietnam. Krigen trak ud og blev aldrig den store succes. Det gav generationen en stærk selvforståelse at være sammen om at sige nej til krigen – også selvom de reelt set bare var nogle få hippier i de store byer, der pustede sig op i medierne.

Samtidig oplevede kollektivisterne økonomisk fremgang op gennem 1960erne. En fremgang, der blev brugt til at investere i velfærdssamfundet og dermed deres stillinger. Vietnam-krigen sluttede i 1970erne. USA trak sig ud, hvilket gav anledning til selvransagelse i hele den vestlige verden. Det blev af kollektivisterne opfattet som en sejr for deres idealer. Samtidig indtrådte der oliekrise, og overskud blev til underskud. Der blev stadig investeret store summer i velfærden, men nu begyndte befolkningen i øvrigt at stille spørgsmål til, hvad man fik ud af de mange milliarder.

Aldrig igen skulle kollektivisterne føle, at de styrede verden alene. De oplevede besparelser og nedskæringer, og med tiden begyndte de at drømme sig tilbage en nostalgisk tid i 1960erne og 1970erne, hvor de var unge, politisk aktive, og hvor deres værdier oplevede endeløs fremgang. En tid hvor ingen stillede spørgsmål til, om folk blev raske på de dyre hospitaler, om børnene rent faktisk lærte noget i skolen eller blot blev udsat for ensidig propaganda, eller om forskning i freudiansk og marxistisk kunst- og litteraturkritik overhovedet gav mening.

De unge intellektuelle individualister oplevede fattigfirserne som særligt hårde. Krisen betød, at der blev indført ansættelsesstop i det offentlige. Det betød dog ikke, at de midaldrende kollektivister blev fyret, selvom langt fra alle var kompetente nok til deres arbejde. Ja mange af dem var endda blevet ansat i hast uden at besidde de formelle kvalifikationer. Men den borgerlige regering turde ikke for alvor direkte udfordre den magtfulde kollektivist-generation.

Den næste generation oplevede at blive kaldt nå-generation af de ældre kollektivister, der i egen selvforherligelse fejlagtigt mente, at de stadig var de rigtige unge antiautoritære – og ikke midaldrende magtmisbrugere. Den unge generation oplevede massearbejdsløshed og en udpræget grad af ligegyldighed fra den ældre generation, der dog gerne ville hjælpe dem med at lære sig selv bedre at kende (ikke at det hjalp noget på de unges situation), når bare de fik løn for det.

I den situation måtte den, der kunne klare sig selv bedst muligt, vinde i et hårdt udskilningsløb, hvor der kun var plads til dem, der forstod at fuppe sig igennem med al den coolness og smartness, de kunne opdrive, dem man kaldte yuppier.

Gennem nedskæringer fik man efterhånden bedre styr på økonomien, mens Sovjetunionen pludselig sad fast i en Vietnam-lignende krig i Afghanistan. Deres økonomi var langt værre end Vestens, så i de unges opfattelse var der ingen tvivl, om hvem der var taberne. Dette blev helt tydeligt med Berlin-murens fald, der blev opfattet som de unge individualisters endelige sejr over kollektivisterne, der dog nægtede at undskylde for deres ungdommelige adfærd, fordi de havde ment det godt. Desuden sad de stadig sikkert på den offentlige kulturelle magt, hvor ingen var i stand til at udfordre dem, så de kunne reelt set være ligeglade med virkeligheden omkring dem.

Individualist-generationens problem var, at de havde fået et æstetisk forhold til økonomi, forstået på den måde, at hvis du lignende en succes, så var du en succes. Det betød, at de gik fra den ene økonomiske boble efter den anden. I slutningen af 1990erne troede de fejlagtigt, at man bare kunne investere i en hjemmeside, så ville man blive millionær. De gav de unge IT-nørder skylden for, at det gik så galt, men reelt set var det individualistgenerationens manglende professionalisme, der blev udstillet. Det var nemlig individualisternes dårlige forståelse for IT-investeringer, der var skyld i miseren. Til gengæld kunne de ikke give nogen andre end sig selv skylden for boligboblen mod slutningen af det første årti i det nye årtusinde.

Boligboblens sammenbrud og den efterfølgende økonomiske verdenskrise var en direkte konsekvens af individualisternes økonomiske forståelse, der kunne spores tilbage til Ronald Reagan. Dermed var det ikke bare en økonomisk krise, men også en værdikrise for individualisterne, der ikke besad relevante svar på løsningen. Flere forsøgte at advare imod forværre situationen ved at tale krisen op, men den tankegang var kun en del af problemet. Forestillingen om, at man ikke måtte forholde sig kritisk til økonomi, men kun komme med positive ytringer og begejstring havde jo netop ført til de to økonomiske bobler. Der manglede netop nogen til at stoppe op og tænke sig om.

Endvidere bliver individualisternes værdier også rimeligt eller ej forbundet med Irak-krigen og Afghanistans-krigen, der begge kan opfattes som et forsøg på en genoplivning af den kolde krig denne gang mod islamismen i stedet for kommunismen. I dag kan vi se, at den unge netgeneration er på vej til at tage afstand fra disse krige og opfatte dem som fejlslagne. Derved kan de afgrænse sig fra den midaldrende generation af individualister, udstille individualisternes værdier som taberværdier og tilsvarende deres egne som de sejrende holdninger.

Netgenerationen kommer til i en økonomisk krisesituation, og de kommer til at opleve, hvordan de sammen overvinder krisen ved at lægge afstand til individualisterne og de medfølgende værdier. Ved samme lejlighed byder en mulighed for, at de selv kan bringe deres egne idealer, værdier og holdninger på bane.

Den unge netgeneration adskiller sig også afgørende fra de to foregående ved, at de ikke i nævneværdig grad eller slet ikke har oplevet den kolde krig. Den dualistiske opstilling er fremmed for dem og kun noget, de læser om i historiebøgerne. Det er noget de undrer sig over, snarere end noget de involverer sig i. Når de ældre generationer sammenligner den politiske situation med oplevelser fra den kolde krig, stiller de sig uforstående – især fordi disse sammenligninger langt fra er oplagte, men tværtimod søgte.

Endelig kan det tilføjes, at hvor kollektivisternes amerikanske forbillede var John F. Kennedy, der blev snigmyrdet, hvilket betød, at generationen følte de måtte gøre noget radikalt, så var individualisternes forbillede Ronald Reagan, der gjorde en ende på den kolde krig. Tilsvarende ser den nye netgeneration et håb i Barack Obama, der vil gøre op med grådigheden og redde verdensøkonomien.

Medier og teknologi

De mediemæssige og teknologiske muligheder, som en given generation arver fra den tidligere generation er med til at give de enkelte generationer et skæbnefællesskab. Kollektivisterne arvede en verden med biler, radio og fjernsyn, men også farlig atomteknologi og forurening. De havde svært ved at forholde sig til den nye teknologi, og vendte sig imod den i angst. En decideret medieforskrækkelse og teknofobi præger denne generation. Det skyldes også, at deres holdning til teknologi var præget af industrialderens umenneskelige teknologi, der tillod invaliderende samlebåndsarbejde og kz-lejre.

Samtidig lod de sig imidlertid påvirke af medierne på en mere ubevidst måde. Fjernsynet, der dengang var helt nyt, tilbød en personlig formidlingsform, hvor gamle intellektuelle autoriteter kunne undermineres, og der kunne vindes autoritet baseret på karisma. På tv kunne man nå langt, ved at være udadvendt og provokerende. Netop karismaidoler, det udadvendte og provokerende var en del af den unge generations kendetegn i 1960erne og 1970erne.

I en forholdsvis ung alder satte eksponenter for generationen sig på vigtige dele den institutionelle mediemagt i samfundet. De blev til gengæld meget afhængige af fuld tv-kontrol for at gennemføre dette stunt, og mange af dem drømmer sig stadig tilbage til dengang, der kun var en tv-kanal, som de styrede. I sidste ende blev deres egen tiltvungne kulturelle magt nemlig destabiliseret af flere reklamefinansierede tv-kanaler, hvilket man måske kunne driste sig til at kalde poetisk retfærdighed.

I 1980erne dukkede individualisterne op, og den nye teknologiske udvikling betød mange flere radio- og tv-kanaler og hjemmevideo – altså en teknologiudvikling, der udfordrede den ældre generations tv-kontrol. Kollektivisterne opfattede det som en fragmentering af hele samfundet, men reelt set var det nok bare begyndelsen på, at de mistede den fulde kontrol over samfundsudviklingen, hvilket jo var en klar svækkelse af deres kulturelle magt.

Måden, hvormed individualisterne tog medierne til sig, var lidt anderledes. Generationen, der var vokset op med fjernsyn, vidste at fjernsyn handlede om image, smartness og coolness. Med decentralisering af mediebilledet i 1980erne satte individualisterne sig for indtage medierne og udmanøvrere den ældre autoritet af kollektivister (ja, for kollektivisterne var blevet den nye autoritet, selvom de enten var ubevidste om, at det forholdt sig således, eller blot fornægtede det).

På forholdsvis kort tid forvandlede de tv-billedet til ikke længere at handle om løftede pegefingre, men derimod ren underholdning. Det er kommet til udtryk gennem talrige tv-shows, der på hver sin måde udtrykker individualisternes værdier nemlig livsstil og status. Det gjaldt hele vejen rundt lige fra tv-reklamer og sport til nogen af de største tv-succeser som Lykkehjulet og X-factor.

Netgenerationen møder en verden, hvor Internettet er ved at blive det dominerede medie. Deres skæbnefællesskab er en medieteknologi, som fremmer det tænksomme menneske, snarere end det udadvendte. De bruger sociale medier til at skabe netværk og interessefællesskaber, og teknologien knytter an til en nørdkultur med fantastik og skjulte, indforståede koder. Nettet lægger op til en adfærd, hvor man ikke går så meget op i identitet og image, men derimod bliver nødt til at skelne mellem identitet og rolle, og hvor man bruger Nettet til at udvikle nye tanker og ideer.

Internettet er netgenerationens mediemæssige og teknologiske udfordring, og den vil præge deres levevis og valg på samme måde, som fjernsyn påvirkede de to foregående generationer. Det betyder, at generationen for at realisere sig selv bliver nødt til at gøre op med både kollektivisterne og individualisterne, fordi de har nogle helt andre prioriteringer, der ikke passer ind i de tidligere generationers levevis, holdninger og værdier. Vi står med andre ord overfor et voldsomt brud med et verdenssyn, vi har lært at tage for givet.

Kollektivisterne

Kollektivisternes tydeligste markering af at være en selvstændig generation kom i foråret 1968 med studenteroprøret. Her fik en ung generation muligheden for at markere, at det var dem, der bestemte og satte dagsordenen. De fik hurtigt stillinger i det offentlige, der gjorde, at de kunne bakke deres holdninger op med en autoritet, der tilsyneladende var usynlig for dem selv, for de blev ved med at påstå, de bekæmpede autoriteter samtidig med, at de forskansede deres egen.

I deres egen selvforståelse kæmpede de faktisk industriarbejdernes sag, selvom ingen af dem var industriarbejdere, men derimod som offentligt ansatte videnarbejdere. Hvis de havde vendt begrebet om falsk bevidsthed mod dem selv, kunne de måske have opfattet paradokset. De var i færd med at romantisere den samfundstype, de lige havde forladt. Ligesom landbrugssamfundet havde en nostalgi for jægersamfundet, og industrisamfundet romantiserede det gamle landbrugssamfund, på samme vis dyrkede kollektivisterne i det nye informationssamfund som en umulig drøm ægte industriarbejdere og revolutionsromantik. Deres ideal var at skabe et kæmpe kollektiv.

Generationens skæbnefællesskab består i, at de som den første generation primært blev ansat som offentlige videnarbejdere – det være sig lærere og forskere, socialarbejdere og bibliotekarer, sygeplejersker og læger. Med disse stillinger fulgte en kulturel magt i samfundet - en intellektuel magt til at kunne sætte en dagsorden. Fra midten af 1960erne og frem til Schlüters ansættelsesstop i det offentlige blev en generation ansat, der på mange områder fik fælles holdninger, så den enkelte ikke stod alene.

Den vigtigste holdning for generationen idealet om kollektivisme, og det på trods af, at mange af dem var nogle særlinge og enere. Dette ideal hænger nøje sammen med, at de var offentligt ansatte, og dermed havde statsmagten som deres grundlag. Af samme grund starter de ud med generelt at være venstreorienterede. I det hele taget kan man et langt stykke hen af vejen forstå generationen, når man ser på, hvad den kulturelt dominerende del af generationen beskæftiger sig med.

Kollektivisterne går meget op i pædagogisk teori – og ja, der er mange pædagoger og lærere. De går op i velfærdssamfundet og vil gerne redde de svage i samfundet – og ja de er ansat i velfærdssamfundet til at redde de svage i samfundet. De går også meget op i at redde den tredje verden – og igen er der folk, der får løn for at hjælpe den tredje verden.

Meget få om nogen har set denne direkte forbindelse mellem kollektivist-generationens holdninger og værdier sammenholdt med deres stillingsmæssige placering i samfundet. Det kan nok ikke forklare alt, men det forklarer meget. Det var således ikke fiskere og landmænd, der deltog aktivt i studenteroprøret. Der kan være enkelte undtagelser, men ungdomsoprøret var først og fremmest et oprør fra unge intellektuelle, der var på vej til at blive offentligt ansatte videnarbejdere med immanent kulturel magt. Synet på tilværelsen tilhørte generationens intellektuelle, og det blev trumfet igennem, til det indgik som en naturlig del af mainstreamkulturen, og det der var normalt at mene – og dermed et usynligt standpunkt. Det er, hvad ungdomsoprøret reelt set handlede om.

Den unge generation fik lynhurtigt kulturel magt, og unge som de var, kunne de nemt manipuleres. I begyndelsen af oprøret var der mange vilde idéer, men snart blev de ledt hen imod et stramt sæt af kedelig konceptkunst, industrielle abstraktioner og socialrealisme. Idémæssigt snævrede det sig ind til i 1970erne autoritært at sætte Karl Marx og Sigmund Freud på dagsordenen, og det på trods af, at deres ideer var ved at være forældede og på vej ud, fordi de viste sig at være forkerte. At denne ungdomsgeneration faldt for netop disse ideer bliver skæbnesvangert, fordi de satser hele deres karriere på dem, og inden længe bliver de tvunget til at frasige sig dem.

Generationens midtvejskrise hænger for dem nøje sammen med et tab af mening blandt freudianere og marxister. Enkeltvist reagerer de forskelligt, men samlet set vælger de at blive postmodernister. Postmodernismen tilbyder nemlig en livsløgn. Det påstås at være et opgør med totalitarisme, men i virkeligheden er det den totalitære skepticisme. Alle ideer og tanker dekonstrueres og undermineres. På den måde kan kollektivistgenerationen på en gang tilslutte sig, at Freud og Marx tog fejl, men da alle for så vidt tager fejl, så kan man lige så godt fortsætte med at undervise i freudianisme og marxisme – nu med postmodernistiske tilføjelser.

Svagheden er, at selvom også de postmodernistiske tænkere dekonstrueres, så bruges de fuldstændig autoritært. Der stilles ikke for alvor spørgsmål til den manglende eller usammenhængende logik, for man tror jo alligevel ikke på logikken. I sidste ende foretager generationen et intellektuelt selvmord, idet de underviser i noget, ingen rigtig tror på, og stiller man kritiske spørgsmål, får de studerende blot at vide, at man ikke kan tro på en sammenhængende logik i et postmoderne samfund. Denne situation er på langt sigt yderst utilfredsstillende og skaber et intellektuelt og kulturelt vakuum.

Individualisterne

Individualisterne prøvede på bedste vis at udfylde det intellektuelle vakuum, der var opstået, men de fik ikke de rette stillinger til at gøre det. De fik kun i meget ringe omfang stillinger med formel kulturel magt i det offentlige, og det på trods af at generationen formelt set var bedre uddannet til disse stillinger, end den tidligere generation. Men med Schlüters ansættelsesstop i det offentlige, var der ikke meget at gøre. De kunne bare blive sendt i aktivering på en gøglerskole, hvor kollektivisterne fik løn, og de selv bogstaveligt talt gjort til nar. Eller også kunne de forsøge at skabe sig en karriere og blive til noget – against all odds.

Mange gik til grunde, og dem hører vi ikke så meget til, men dem der fik en karriere begyndte at blive en modmagt til den kulturelle magt, der dengang lå enerådende hos de nu midaldrende kollektivister. De unge individualister fik stillinger enten som ledere, projektmedarbejdere, konsulenter eller selvstændige i det private indenfor reklame, marketing, ledelse, kommunikation og retorik. Disse stillinger giver uformel kulturel magt. Desværre handler det ikke så meget om at udvikle ideer som at formidle ideer.

Det får den indvirkning på generationens intellektuelle, at de som privat ansatte naturligvis vælger at have individualismen som ideal, selvom de paradoksalt nok nogen gange kan ligne hinanden til forveksling i deres jakkesæt med tilhørende Rolex-ure. Det er især spøjst, at de taler om individualisme, mens de alle flokkes til fitness. Som selvstændige eller privat ansatte konsulenter og ledere er der også en tendens til, at de er højreorienterede.

Da de ikke har nævneværdig idéudviklende kulturel magt overtager de i høj grad kollektivisternes idéer, men omformer dem til deres egne værdier. Således bruger de gruppearbejde på arbejdspladsen, men kalder det teamwork, så det lyder mere cool. I samme ånd hedder det teambuilding og ikke gruppedannelse. De går op i økologi, fordi de på den måde kan vise, at de køber dyr mad. De vil gerne have en ny dyr elbil, fordi det giver status at have en dyr bil og samtidig signalerer øko-profil. De køber dyr abstrakt kunst og designermøbler fra 1950erne, fordi kollektivisterne har sagt god for den slags kunst og design, og derfor giver det status at eje dem.

Ligeledes tager de kollektivisternes postmodernisme og bruger ideerne aktivt i deres selvforståelse. Mange individualister såsom spindoktorer og reklamefolk er ansat til at lyve eller i hvert fald være på kant med sandheden, hvilket ikke er etisk. Her hjælper postmodernismen, for den fortæller, at vi hver har vores egen individuelle sandhed, og selv frit skaber vores egen virkelighed. På den måde synes problemet at være løst. Postmodernismen påstår også, at der kun findes en ydre virkelighed og ingen dybereliggende sandheder. Derfor giver det mening kun at interessere sig for det æstetiske udtryk, for coolness og smartness.

Endelig overtager individualisterne ideen om positiv tænkning. I kollektivisternes tænkning er det en måde at arbejde med sin egen psykologi. Individualisterne bruger det til at banke deres eget ego op på maksimum og til at italesætte økonomisk fremgang. Og det kan lade sig gøre til en vis grænse at tale en økonomi i gang med positive tilkendegivelser. Men som vi allerede har været inde på, bliver man nødt til at have virkelighedsfornemmelse, idet den form for overstadig tænkning medfører den ene bobleøkonomi efter den anden, hvor der ikke er plads til at stille de nødvendige negative spørgsmål.

Den overfladiske livsstil skaber også rum for forbrydertyper som Klaus Riskjær Petersen og Stein Bagger. De er naturligvis ekstreme tilfælde, men de viser med al tydelighed bagsiden af denne individualistgeneration.

Netgenerationen

Netgenerationen er på vej til at slå igennem, og det spændende er naturligvis, hvordan det vil sætte en ny dagsorden. Det er en generation, der er vokset op med Harry Potter og World of Warcraft, Arto og Facebook. Med et dårligt begreb er de digitalt indfødte, dårligt fordi det insinuerer, at cyberspace er en verden, man fysisk kan bebo. Det svarer til at bo i en bog. Men der er dog den sandhed gemt, at Nettet giver dem et dybere perspektiv på livet, og det hjælper dem til at forstå forskellige virkelighedsniveauer, hvilket de tidligere generationer har haft problemer med.

Opsummerende kan man sige, at de tre vigtigste internationale begivenheder indtil videre er 11. september

2001, finanskrisen og valget af Barack Obama. Det er deres virkelighed. Den kolde krig, som betød meget for de foregående generationer er blot noget, der står i historiebøgerne, og derfor lige så interessant som trediveårskrigen. Den kolde krig er vigtig for at forstå os selv i dag, men det er trediveårskrigen også.

Når netgenerationen med deres kommende stillinger bliver mere selvstændige, vil de sandsynligvis lave deres eget personlige oprør mod deres forældre. Allerede nu bruger de mobiltelefon og Internettet til at skabe deres eget rum, hvor de kan udveksle tanker og ideer uden at blive overvåget og tingsliggjort af forældrene. De har brug for at finde et sådant frirum. Samfundet giver plads til cool hiphoppere, der laver "ny" musik som i 1980erne, men de intellektuelle i denne generation må selv finde et sted, hvor der er plads til at udvikle tanker og ideer. Nettet tilbyder dem netop disse muligheder for på globalt plan at skabe særlige interessefællesskaber.

Med netgenerationen får vi et fornyet fokus på fællesskab. Der vil absolut kunne findes ligheder med den tidligere kollektivistgeneration, men der vil også være afgørende forskelle. Det bliver i stedet netbaserede interessefællesskaber, hvor de kan dykke ned i sine egne interesser på globalt plan. På den måde kan de på højt niveau i indgå global videnudveksling, hvilket understøtter deres samfundspositioner. Netgenerationen bliver endvidere sat til at administrere samfundet, hvilket betyder, at der forventes af dem, at de ligesom kollektivisterne lægger en plan for samfundet. Det vil derfor blive afgørende for dem at udvikle nye ideer for, hvad samfundet kan og skal.

Det er de humanistisk og samfundsvidenskabeligt orienterede intellektuelle i netgenerationen, der står til at indtage den kulturelle magt i samfundet. Og blandt dem finder vi ikke hip-hopperne eller de metroseksuelle, men derimod de hidtil oversete nørder. Det betyder ikke, at hele generationen kan betegnes som nørder, lige så lidt som alle kollektivister kan karakteriseres som hippier eller individualister er yuppier. Men netgenerationen er præget af nørdkultur.

Nørdkultur

Det er på tide, at vi kommer nærmere ind på, hvad nørdkultur er.

Nu til dags kan man måske med nogen ret hævde, at nørdkulturen er i opløsning, fordi den er ved at blive en del af mainstream-kulturen. Dette skyldes, at allerede nu har nørdkulturen så stor kulturel indflydelse, at den påvirker langt ud over den subkultur, den opstod fra. Det betyder dog ikke, at nørdkulturen er imploderet, men snarere at nørdernes subkultur i dag er eksploderet og i stand til at række ud over indercirklen til den brede befolkning, der pludselig forventes at skulle relatere til superhelte, orker og Cthulhu.

Et eksempel på nørdkulturens udbredelse er Jim Lyngvild. Han har hidtil været mest kendt som kongelig modekommentator på tv og som Ekstra Bladets skamløse modediktator. I 2009 udkom han med fantasy-romanen Kongen, og han fortalte ved den lejlighed at trængte til mere i livet end blot at kindkysse med kendisser, og fantasygenren gav ham den fordybelse, han savnede.

Computerspil og film, tv-serier og tegneserier er præget af nørdkultur, mens nørdkulturen kun er perifert repræsenteret intellektuelt i akademiske cirkler. Hvis vi forestiller os, at netgenerationen bringer denne subkultur med sig ind i de akademiske cirkler og finkulturelle sammenhænge, vil nørdkulturen ændre sig fra at blive opfattet som rene populærkulturelle fænomener til en kultur og æstetik, der bør tages seriøst.

Nørdkulturen udspringer blandt andet fra det amerikanske horror-, fantasy- og science fiction-miljø, der af forskellige historiske årsager, befandt sig udenfor de akademiske cirkler. Ikke mindst fordi miljøets science fiction langt hen ad vejen henvendte sig til ingeniører – og ingeniører i sagens natur ikke er litteraturteoretikere. Ligesom så meget andet var litteraturen af varierende kvalitet, men selv når den var imponerende god, blev den i vidt omfang overset, fordi den ikke passede ind i den siddende kulturelle magts forventningshorisont. Fantastik er nemlig det blinde punkt i modernismens lukkede paradigme. Kollektivisterne anså udelukkende horror, science fiction og fantasy som populærkultur for børn og unge, og var ikke i stand til at værdsætte den nytænkning, der fandt sted i disse genrer.

Et andet oprindelsessted for nørdkulturen er det amerikanske tegneseriemiljø. Her udviklede tegneserietegnere i fællesskab med tegneserieforfattere en helt ny udtryksform, der blev så godt som fuldstændig overset af den modernistiske kulturelite, og derfor er den ikke i samme grad ramt af den træthed og ligegyldighed, der kendetegner modernistisk og postmodernistisk kunstformer. Tegneserien har formået at udvikle et formsprog med egne koder, der formår at udtrykke det 20. århundrede og peger fremad mod det 21. århundrede. Vi ser således for øjeblikket, hvordan tegneseriemediet fornyr filmmediets formsprog.

Endelig er der et tredje spor, der kan føres tilbage til udviklingen af strategiske krigsspil. I mødet med science fiction- og fantasymiljøet opstod rollespil i de tidligere 1970ere. Mens postmodernister gik rundt og sagde alt var sagt, og intet nyt kunne tilføjes, mødtes mennesker for i fællesskab at fortælle hinanden historier på en helt ny måde. Det blev overset af den akademiske verden, fordi det ikke var den fornyelse de forventede. Reel fornyelse er imidlertid altid det uforventelige. Strategiske krigsspil og rollespil udviklede sig og skabte et væld af nye udtryksformer såsom live rollespil, computerspil og byttekortspil. Fælles for alle disse former er, at de er en kombination af spil, fortælling og fiktionsverdener.

Det er alle disse kulturelle spor, der tilsammen ligger til grund for nørdkulturens kunst og æstetik. Disse kunstformer har hidtil været placeret i periferien, mens den dominerende akademisk accepterede kultur begik kollektivt intellektuelt selvmord. Til alt held har nørdkulturen ligget i ly for disse strømninger, og fremstår i dag som et egentligt overbevisende alternativ til det kulturbankerot, vi har været vidne til.

Magtovertagelsen

De gamle kollektivister sidder stadig på den kulturelle magt i det offentlige. Nogle har som Karen Jespersen skiftet politisk standpunkt over tid, men de har stadig kun øje for deres egen generations ve og vel. Da de var unge, var det de unges kamp.

I dag betegnes kollektivisterne snarere som rødvinsgenerationen eller det grå guld, hvor det sidste ikke henviser til, at de er en ressourcestærk arbejdskraft, men derimod at de er på vej til at trække et økonomisk tæppe væk under samfundsøkonomien, når de får udbetalt deres pension. I det hele taget er fokus for generationen primært på pension og efterløn, når de ikke er forskræmte over indvandrere. De er blevet meget gamle – også i ånden, selvom de bliver ved med at påstå noget andet. De forstår nemlig ikke at Beatles, Christiania og motorcykler er en gammeldags ungdomskultur fra forrige århundrede. De har så godt som intet fornuftigt at sige om netgenerationens kultur i form af manga, computerspil, Internettet og mobiltelefoner, hvilket de opfatter som noget postmodernistisk, individualistisk forvirrende støj, der ikke giver mening. De kan nemlig ikke se forskel på individualisterne og netgenerationen.

Hvis man skal tro medierne, så er kollektivisternes optik, at den næste generation skal ansættes som sosu-assistenter for at varte kollektivisterne op i deres alderdom. Lægerne skal hentes ind fra tredje verdens lande som Afrika, hvis vi ikke kan få dem fra Polen og Tyskland. Når det går højt, foreslår de, at vi skal have nogle ingeniører til landet, så vi kan få råd til deres velfærd. De føler sig naturligt berettiget til at tømme statskassen, fordi de byggede velfærdssamfundet op. De er nemlig velfærdssamfundet, og alle andre synes at være i vejen for deres projekt.

At være sosu-assistent er dog ikke et perspektiv, de intellektuelle i netgenerationen kan bruge til ret meget. De har et langt bredere perspektiv på deres egen fremtid end kollektivisterne tilsyneladende kan forestille sig.

Hos de nu midaldrende individualister, dem der før i tiden var yuppier, men nu bør betegnes som *mauppier* (middle aged urban professionals), tror man sig sikre på, at netgenerationen vil følge i deres fodspor. De ser en generation, der laver sociale netværk via Internettet, bruger mobiltelefon og er opdraget til at gå op i mode og design. Gennem en lang række tv-programmer har netgenerationen lært, hvordan man skal blive professionelle topmodeller og kokke, frisører og ikke mindst X-factorstjerner. Fælles for programmerne er, at der sidder nogle mauppies og rådgiver de unge til at få sig et kortlivet show i den overfladiske medieverden

Men ligesom individualistgenerationen i sin tid blev opdraget til at blive kollektivister, så vendte de deres forældre ryggen, da de sociale udviklingsmuligheder i det offentlige ikke længere var til stede. På samme vis vil den netgenerationen ikke føle, at der for alvor er plads til dem indenfor mauppiernes fag. Ikke fordi der er ansættelsesstop, men hele individualistgenerationen har jo allerede sat sig på den slags kommunikationsstillinger, så det er langt fra så oplagt at stige hurtigt i graderne som tidligere.

Derudover bliver der for første gang i mange år ledige stillinger blandt andet på universiteter og højere læreanstalter, og de intellektuelle i netgenerationen vil opleve, at de kan indtage disse stillinger, som de jo rent faktisk også bliver uddannet til, og dermed forholdsvis hurtigt få stor indflydelse på den formelle kulturelle magt i samfundet. I samme øjeblik de indtager disse stillinger, vil de begynde at gøre mauppierne til grin for på den måde at opgradere status på deres egne stillinger. De vil give dem skylden for den økonomiske krise og latterliggøre deres overfladiske fokus på sport, design og mode.

Mauppierne kommer til at føle, at de ikke længere er det unge friske pust, men de gamle, der bare bliver ved med at gentage gamle floskler om, at man skal turde tro på sig selv, og man i det postmoderne samfund ikke længere kan tro på noget. Reelt set har de nemlig ikke længere et vedkommende livsperspektiv for den yngre generation, der begynder at se verden fra en helt ny vinkel, nemlig som offentligt ansatte videnarbejdere med udstrakt grad af kulturel magt og ny intellektuel teknologi, der kan understøtte et alternativt projekt. Mauppierne kommer til at opleve, at de ikke er en del af løsningen, men tværtimod en del af problemet.

Helt konkret sker der det, at individualisterne bliver midaldrende, men mener stort set det samme bortset fra, at de nu fokuserer på at familien er cool – ikke kun dem selv. De gamle kollektivister trækker sig tilbage og drømmer sig tilbage til et gammelt Danmark i 1960erne og 1970erne. De vil sikkert skrive en masse læserbreve til Information og Politiken, men kun få gider lytte til dem, hvilket de sikkert vil opfatte som umådeligt frustrerende, da de har været vant til at sætte dagsordenen. Netgenerationen overtager kollektivisternes offentlige stillinger, der giver adgangsbilletten til formel kulturel magt, og de begynder at sætte deres egen dagsorden, hvor nørdkultur indtager en fremtrædende plads. Som offentligt ansatte vil de overvejende være venstreorienterede, men da venstrefløjen er gået i stå og er særdeles traditionalistisk bliver de nødt til at reformulere venstrefløjssynspunkter, der passer sig til det 21. århundrede generelt og mere specifikt til deres egen livssituation.

En overordnet forståelse af det kulturelle skred, der eventuelt finder sted, kan tydeliggøres ved at sammenligne med DRs kulturprogrammer. Kollektivisternes kultursyn kommer til udtryk i Smagsdommerne, individualisternes i Hvad er det værd? Netgenerationens kultursyn afspejles bedst i Troldspejlet. Man kan derfor forestille sig, at programmet på lidt længere sigt udvides med en mere voksen tilgang til spil og fantastik, da netgenerationen ikke bliver ved med at være børn og unge.

Nye ideer

Ofte hører vi, at i det postmoderne samfund går alting stærkt, og vi kan knap nok nå at følge med. Det er fordi, den postmoderne samfundsbeskrivelse er skabt af ældre mennesker, der selv har svært ved at følge med de nye tider. Men ser man samfundet fra de unges synspunkt, så går det kun alt for langsomt. De ældre står i vejen for den nødvendige fornyelse af de informationsteknologiske systemer og kræver hele tiden efteruddannelse for selv de mest simple IT-foranstaltninger. De gamle er medie- og teknologiforskrækkede.

Når en ung generation pludselig bliver idéudviklende, så kommer der for alvor til at ske forandringer. Det så man i slutningen af 1960erne og begyndelsen af 1970erne, hvor kollektivisterne på ganske få år ændrede de samfundsnormer, man hidtil havde taget for givet. Det samme kan sagtens komme til at ske igen. Ikke som en banal gentagelse, men reel indførelse af helt nye tankesæt. I første omgang kommer kampen til at stå på universitetet, hvor de ældre kollektivister vil forsøge at holde fast i deres normer, men i sidste ende er de dømt til at tabe. De unge er på vej frem, mens de gamle er på vej ud, og de gamle tilbyder generelt ikke relevante perspektiver på det 21. århundredes kulturelle problemstillinger.

Netgenerationen kommer til at udfylde det intellektuelle vakuum, som individualisterne hidtil har formået at udnytte til deres fordel. Ikke fordi de kom med et reelt intellektuelt alternativ, men blot fordi de sagde noget, der lød bare en smule vedkommende. Men glittede livsstilsmagasiner og kulturpolitiske signalværdier tilbyder ikke noget intellektuelt tilfredsstillende værdigrundlag at bygge videre på. I stedet forekommer tomrummet blot at være som et uendeligt sort hul, hvor al mening opløses og ophører med at eksistere.

Kollektivisterne påstod, at deres ideer var moderne og dermed helt nye – aldrig set før. I realiteten havde Freuds ideer eksisteret i flere årtier og Marx' ideer var over hundrede år gamle. Deres måder at tænke på kunne idehistorisk føres langt tilbage. Dette er sagt for at fjerne den misforståelse, at ideer opstår uden af ingenting – skabt af geniale tænkere hinsides tid og sted. Tværtimod har ideer altid en kulturhistorie, idet de er bundet til tidsepoker og sociokulturelle sammenhænge. Dermed ikke sagt, at der ikke opstår nye ideer. Det gør der hele tiden, men de udvikles bedst i samspil med tidligere tiders tænkning, for kun på den måde kan vi videreudvikle os, nemlig ved at stille os på giganternes skuldre. At søge det postulerede sande primitive idegrundlag fører kun til en fastlåst, primitiv tænkning. Og den filosof, der blot ønsker at gribe nuet, kommer til at mangle perspektiv.

Så ja, der er nye ideer på vej, men de er ikke historieløse. Som vi skal se i det følgende kan de føres tilbage i tiden til andre tænkere, der i en periode har været i periferien af den intellektuelle udvikling og netop fordi de har været i periferien er de ikke på samme måde blevet ramt af det postmoderne kollektive selvmord for tænkning og udvikling af ideer.

Ideerne kan føres hen til seriøse middelalderforskere, der turde stille ubehagelige spørgsmål til 1800-tallets fejlagtige historieopfattelse. De kan føres tilbage til science fiction- og fantasy-miljøet, der har måttet udvikle deres helt egen litteraturteori, fordi ingen andre rigtig gad tage dem alvorligt i symbiose med naturvidenskabens basale opdagelseslyst. Og de kan føres tilbage til intellektuelle, der på hver deres måde var i opposition til de lukkede darwinistiske og freudo-marxistiske forklaringsmodeller. Ligesom kollektivisterne fandt en mulig alternativ tænkning til det bestående i de freudo-marxistiske teorier, så kan netgenerationen få brug for at finde et alternativ, hvilket de kan finde i nørdkulturen.

Internettet

Internettet er afgørende for netgenerationens succes på flere planer. Dels underminerer Internettet de to tidligere generationers stærke medie nemlig fjernsynet, og de er selv meget mere hjemmevant med det interaktive massemedies muligheder. Dels kan de bruge Internettet til at publicere, udveksle og fremfinde ideer. Og dels er der mulighed for at indgå i de føromtalte interessefællesskaber. Alle dele af Internettet vil understøtte den nye generation af holdningsdanneres mulighed for at give de tidligere generationer baghjul.

Som offentligt ansatte er netgenerationen interesseret i fri tilgængelig viden, de kan bruge i forlængelse af deres arbejde. De har også interesse i billig og effektiv kommunikation med resten af samfundet. Internettet understøtter dermed netgenerationens kommende positioner i samfundet og er med andre ord en win-win-situation for dem.

Med Internettet følger en ny måde at tænke kommunikation på. Det er ikke bare fra alle os til alle jer, men et dialogisk medie – og primært et skriftmedie, der også muliggør multimediale udtryksformer. Internettet giver i modsætning til et broadcasting flow mulighed for at dykke ned i et givet emne, hvilket lægger op til refleksion og fordybelse. For ligesom bogen er Internettet et medie, der fremmer fordybelse. Det betyder ikke, at alt der er tilgængeligt på nettet er dybt, ligesom ikke alle bøger er dybe. Men Internettet tilbyder fordybelse som en oplagt mulighed.

Internettet fremmer interessefællesskaber ved at gøre det muligt ikke bare at dykke ned i et givet emne, men specialisere sig i en helt specifik problemstilling eller forholde sig til et ekstremt specialiseret emne på globalt plan. Man kan forestille sig specialiserede emneområder, som kun ti personer har interesse for. De mennesker vil kunne finde hinanden og indgå i fællesskab om deres interesse. På den måde fremmer Internettet en nørdet, excentrisk adfærd, hvor fjernsyn til sammenligning udbredte jeg-er-på-kulturen.

Samtidig med dette bliver nettet udnyttet til at udbrede en nørdkultur, der hidtil har savnet anerkendelse i de traditionelle akademiske miljøer. Science fiction, fantasy, computer- og rollespil, tegneserier, fan fiction og en lang række andre nørdkulturelle aktiviteter og æstetiske udtryk har fået mulighed for at komme til orde. Dette hænger sammen med, at Internettet i sin tid blev udviklet af ingeniører og programmører med interesse for nørdkultur. De skabte så at sige Internettet og den tilsvarende nørdkultur i deres eget billede. Det betyder dog ikke, at der ikke er plads til anden kultur på nettet – tværtimod. Ikke desto mindre følger nørdkulturen med som en naturlig del af pakken.

Wikipedia

Et af de områder, hvor net- og nørdkulturen har fået størst udbredelse er Wikipedia. Wikipedia er som bekendt det leksikon, hvor alle kan deltage, det vil sige oprette emner og skrive videre på emner. Der er en grad af kontrol, men de fleste uoverensstemmelser ordnes gennem forhandling og diskussion.

Det burde ikke kunne lade sig gøre at skabe et fornuftigt opslagsværk ud fra disse præmisser. Alligevel er det lykkedes at skabe en encyklopædi, der i langt de fleste tilfælde er mere præcist og helt sikkert bedre opdateret, end traditionelle leksika.

De fleste leksika laves på den måde, at man sætter nogle forskere sammen, og de får så hver især lov til at skrive om hvert deres emneområde. Der er et vist samarbejde, men det er svært at undgå at fordomme snarere end viden sniger sig ind. Derudover er de enkelte forskere jo kun i kontakt med deres nærmeste omgangskreds af forskere – og ved i sagens natur ikke, hvad der foregår af spændende ting udenfor deres vidensområde.

Wikipedia lykkes fordi en masse mennesker med hver deres nørdede interesse byder ind med viden og indsigt. Hvis der er flere meninger om en sag, så kan det lade sig gøre at præsentere flere meninger om en given sag. Det behøver ikke at være ekskluderende. Men i de tilfælde, hvor der er uenighed, så kan det lade sig gøre at argumentere for sin sag og nå frem til rigtige svar.

I den forstand er Wikipedia anti-postmodernistisk, fordi projektet grundlæggende går ud på at finde sande svar i stedet for blot at lade sig nøje med flere perspektiver. Det får som konsekvens, at humaniora igen bliver idegenererende i stedet for blot at gentage gamle floskler, hvilket igen betyder, at naturvidenskaben får mulighed for at udvikle nye ideer på baggrund af humanistisk forskning. Videnskredsløbet igangsættes igen.

Med Wikipedia får vi en ny bølge af rationalisme, hvor man faktisk skal argumentere for sin sag og gammel viden tages op til ny overvejelse. Et eksempel på dette er emnet kyskhedsbælte (chastity belt). Her har det i årevis været god latin at påstå, at man i middelalderen brugte kyskhedsbælter til den unge mø, mens ridderen var ude på eventyr. Det viser sig kort fortalt at være en akademisk skrøne fra 1800-tallet. Den viden kom frem i løbet af 1990erne, hvilket var pinligt for stolte historiske museer, der havde udstillet rekonstruktioner af bælterne. Med Wikipedia lykkes det at få denne skrøne om middelalderen afvist godt og grundigt på en måde så det når bredt ud til alle interesserede.

Med Internettet og Wikipedia venter der muligheden for en videnrevolution, fordi vi for alvor kan tage gamle forestillinger op til fornyet overvejelse og på globalt plan kan diskutere, hvad der sandt og falsk. Det kan betyde, at vi de kommende år får helt nye forståelser af, hvordan vores historie og verden hænger sammen.

Det betyder imidlertid også, at nørdkultur får forrang. Netop fordi nørdkulturen ikke hidtil har haft seriøs opbakning fra de formelle akademiske cirkler, har den mest brug for at finde et alternativt rum til at promovere denne kultur og diskutere den sagligt. Dette rum, hvor seriøs formidling af nørdkulturen står utrolig stærkt, er nu på vej til at blive vores fælles videnbank.

Venstrefløjens fornyelse

Som ansatte i det offentlige har netgenerationen det fælles træk med kollektivisterne, at de har en interesse i en stærk offentlig sektor. Dette vil sandsynligvis lede dem hen imod venstre-orienterede partier – også fordi de på den måde på længere sigt kan stå i klar opposition til individualistgenerationen. Det bliver dog næppe en gentagelse af opgøret mellem kollektivister og individualister, som vi så i det forrige århundrede.

Det vil dog være et opgør med individualisternes manglende forståelse for samfundsøkonomiske sammenhænge som for eksempel, at vi ikke har brug for en stærk offentlig sektor for, at private virksomheder kan blomstre. De private virksomheder er nemlig afhængige af en velfungerende infrastruktur, veluddannet arbejdskraft og raske medarbejdere – og de private virksomheder er ikke i stand til at løfte opgaven selv. Forestillingen om et samfund, der reelt set styres af mega-cooperations er aflyst på ubestemt tid. Denne forestilling døde nemlig med finanskrisen.

Den nye venstrefløjs udfordring er at opdatere det sociale ansvar til det 21. århundrede og i den proces må de revolutionere venstrefløjsbutikken. De må gøre sig klart, at det er fjollet at påstå, at de repræsenterer industriarbejderflertallet, når den består af under en femtedel af arbejdsstyrken – og mange af dem i øvrigt stemmer på Dansk Folkeparti. I det 21. århundrede repræsenterer venstrefløjen primært de offentligt ansatte informations- og servicearbejdere, ligesom højrefløjen repræsenterer det private erhvervslivs ledere, mellemledere og selvstændige informationsarbejdere. Kun ved at blive fuldt ud klar over, hvilke interesser partierne repræsenterer, bliver det muligt at handle rationelt og overbevisende. Det vil sige de endelig bliver i stand til at varetage deres egentlige vælgeres interesser. I stedet for at kæmpe for et fiktivt industriarbejderflertal, bør venstrefløjen se fremad og kæmpe bevidst for, at de offentlige ansattes vilkår bliver forbedret.

Derpå må den nye venstrefløj stille sig selv spørgsmålet, om man absolut skal kunne lide kulturradikal, modernistisk kunst fra det 20. århundrede for at være venstreorienteret. Om man absolut skal støtte palæstinensisk frihedskamp. Om man absolut skal gå ind for pension og efterløn til dem, der kan klare sig selv. En lang række lignende spørgsmål vil pludselig blive relevante at stille.

Kulturpolitisk er der rig mulighed for fornyelse, således at man ikke hænger fast i gamle idealer fra 1920erne, hvor Bauhaus og abstrakt billedkunst i en fjern fortid forekom nytænkende. Mon ikke det kan lade sig gøre at elske Harry Potter og have en social profil samtidig! Det kan i samme ånd blive taget op til seriøs overvejelse om, hvorvidt fristaden Christiania var en succes, og hvis det ikke er tilfældet lægge de gamle ideer på hylden og komme videre. Den nye generation har nemlig ingen aktier i gammeldags industrialderkunst eller en afdanket fristad. De er unge, og de skal lave noget nyt.

Et andet kontroversielt kulturpolitisk standpunkt, der kan blive en ny platform for venstrefløjen er spørgsmålet om ophavsret. Her er to modpoler. På den ene side store produktionsselskaber og deres stald af kunstnere og på den anden side mere eller mindre organiseret piratkopiering og en kreativ undergrund, der bruger kunstneriske udtryk efter eget forgodtbefindende. Senest har USA og Europa hævet tidslængden for ophavsret til gavn for produktionsselskaberne. Det sker nogenlunde samtidig med, at der i Sverige er et oprør på vej mod piratkopiering. Spørgsmålet om ophavsret kan nemt blive en vindersag for venstrefløjen. De skal bare engagere sig i problematikken. Markedet har nemlig store problemer med at håndtere og håndhæve ophavsrettighederne, hvilket betyder, at staten kan gå hen og blive et reelt alternativ. I markedsøkonomisk tankegang er information en vare, der kan sælges i henholdt til udbud og efterspørgsel, men information er ikke en mangelvare. Tværtimod kan den kopieres let som ingenting så utrolig mange mennesker på ufattelig kort tid kan få del i den, hvis informationen blot stilles til rådighed – og jo mere det bliver brugt, desto mere værdi skaber det.

Det vil også være fornuftigt at gøre op med individualist-generationens spindoktor-politik, der kun handler om retorik og stil, men ikke om indhold. Netgenerationen vil nemlig have et reelt indhold at tilbyde i deres fælles projekt for en styrket velfærdsstat. De vil være i stand til at forny den offentlige sektor med en tiltrængt modernisering, hvor Internettet og computeren ikke opfattes som samfundets fjende, men lige modsat som en stor gevinst for velfærdssamfundets videre udvikling. De vil bruge Internettet og computere på alle niveauer og på nye måder, vi knap kan forestille os i dag.

Velfærdssamfundet vil økonomisk blive vurderet ud fra nye kriterier, hvor det stadig handler om almisser til folk, der på den ene eller anden måde lider nød i form af socialhjælp, pension, handikaphjælp etc., men også handler om samfundsinvesteringer som eksempelvis uddannelse, infrastruktur og forskning etc., og for det tredje drejer sig om samfundsopretholdende institutioner såsom forsvar, politi og retsvæsen. Ja, man kan nemlig sagtens forestille sig, at den nye venstrefløj ikke længere er så mistænksom overfor politi og forvar, men tværtimod ser myndighederne som statens forlængede arm i positiv forstand. Netgenerationen har nemlig ingen interesse i at nedbryde samfundet, tværtimod vil det være fordel for dem at opbygge det, så meget som muligt.

Alle dele skal indgå i en højere enhed, og netgenerationen vil bruge deres viden og magt til at skabe et velfungerende samfund med en stærk stat, hvor de selv har de afgørende stillinger, der sætter dagsordenen. I alle disse sammenhænge vil avanceret intellektuel teknologi blive brugt aktivt til at forbedre og nytænke service for borgerne. Det afgørende bliver, at netgenerationen finder en samlet intellektuelt tilfredsstillende begrundelse for deres velfærdssamfund 2.0, og det har de med deres nyvundne kulturelle magt rig mulighed for at formulere.

Her vil de få mulighed for at gøre op med en privatisering, der ikke reelt giver borgerne flere valgmuligheder, men derimod fungerer som en måde, hvormed det offentlige kan opføre sig uansvarligt. Det sker ved, at det offentlige kan lade sig om, at det er den private virksomhed, der får overdraget ansvaret. Hvis privatisering skal fungere, bør tilsynspligten tages meget alvorligt. I mange tilfælde er der intet at spare, da virksomhederne skal tjene penge på den service, og pengene kommer fra det offentlige.

En ulempe ved netgenerationens nødvendige fornyelse af venstrefløjen vil opstå, hvis de ikke samtidig indser statens begrænsninger overfor private virksomheder og i særdeleshed individet. Det vil være afgørende for deres succes på længere sigt, at de giver plads til individets frihedsrettigheder, hvilket man sagtens kan sikre under en stærk stat, idet staten kan være med til at opretholde disse frihedsrettigheder. Såfremt man forestiller sig, at staten og de private virksomheder faktisk smelter sammen, vil de nok kunne skabe et effektivt samfund, men det vil blive et utåleligt samfund for dem, der af den ene eller den anden grund ikke passer ind.

Anonymous

Det kommende kulturelle opbrud vil medføre fornyet politisk aktivisme. I den forbindelse skal vi se nærmere på en politisk trend udtrykt ved gruppen Anonymous. Denne gruppe viser, hvordan Internettet kan bruges til selvtægt af politisk motiverede mennesker på globalt plan.

Anonymous er en løst forbundet aktivistisk Internet-gruppe, der, som navnet antyder, er anonym. De benytter sig af Internet-fora såsom Something Awful, 4chan og Futaba samt wikien Encyclopedia Dramatica, der kan opfattes som en parodi på Wikipedia. Anonymous-gruppens mål er lidt uklart, men de kaster sig over sager, der vækker deres vrede og udnytter Nettet til at lave protestaktioner blandt andet i form af chikanerier på Internettet. Det er meget svært at finde ud deres selvopfattelse, fordi de lægger røgslør ud, men hvis man ved, hvor man skal lede, kan man være heldig at finde følgende:

"Det er lidt af en overdrivelse, at påstå du hader kvinder, du bryder dig bare ikke om sociale spil. Du er næppe heller nogen Don Juan. For lang tid siden begyndte du at finde kvinder skuffende latterlige, men du håber stadig at engang at møde en, der er interessant. Du nyder at være anonym, fordi det er en befrielse fra den normale verden: Ingen Anonymous har en identitet, ingen Anonymous er en primadonna. Anonymous indser han bare er en fyr, der laver lort-på Internettet. Anonymous ved at andre af sin slags også har opnået den samme indsigt. Du afskyr furfags, gaiafags og Internet-bøllen af en simpel grund: Han opfører sig som om Internettet er den rigtige verden, et sted hvor handlinger har sociale konsekvenser, og hvor der er brug for en hakkeorden. Kan du lide den slags. Nej vel."

Som man kan forstå er Anonymous en gruppe mænd, der reagerer mod feminister, new-agere (gaiafags) og furries (furfags). Selvom de bruger betegnelsen –fags, så betyder det ikke nødvendigvis, at det er bøsser de refererer til. Snarere skal det forstås som personer, der fremstår skabagtige og overfladiske. Furries er i øvrigt en forholdsvis ny fetishgruppe bestående af mennesker, der finder seksuel tilfredsstillelse i at klæde sig ud og opføre sig som børnetegneseriedyr. Som det fremgår, kan Anonymous heller ikke lide Internet-bøller, det vil sige personer, der truer andre folk på Internettet med sagsanlæg eller bøllebank, såfremt de er uenige med dem. De gør også en særlig dyd ud af ikke at fremstå som sociale dyr og pyntede bøsser, og det kan opfattes som et opgør med individualistgenerationens overfladiske værdier. Bemærk, at de tager stærkt afstand fra den opfattelse, at Internettet er den rigtige verden. De er nemlig godt klar over forskellen.

I hvert fald har Anonymous set sig sure på eksempelvis racisten Hal Turner, der opildner til jødehad via webcast. I december 2006 og januar 2007 angreb de hans website. En anden aktion er Project Chanology gik ud på at angribe

Scientologykirken. I januar 2008 lækkede Anonymous en video med Tom Cruise ud på YouTube. Dette blev fulgt af en række angreb med telefonterror og sorte faxer, hvilket er et sort stykke papir, der sendes til en fax for på den måde at holde faxen unødigt beskæftiget og opbruge det sorte blæk. Project Chanology er siden blevet fulgt op af flere protester og aktioner. De har også igangsat en række andre aktioner, men her det skal blot tilføjes, at de valgte den 21. maj 2009 som YouTube Porn Day, hvor de sendte en række videoer til YouTube med pornografisk indhold. Videoerne fremstod umiddelbart som uskyldige familieprogrammer. Begrundelse for aktionen var den, at YouTube havde fjernet mange musikvideoer, der lå tilgængelig på YouTube.

Dette skal hverken forstås som hyldest eller retfærdiggørelse af Anonymous. Pointen er derimod, at Anonymous er en gruppe politiske vandalister og selvtægtsmænd, der er i bevægelse, og som er i stand til at udnytte Internettet på deres egne præmisser til at gennemføre organiserede aktioner mod dem, som de af den ene eller den anden grund ikke bryder sig om. Og de holdninger, som de repræsenterer, er med til at tegne tidsånden, hvad enten det er antifeminisme eller anti-racisme.

Kendetegnene for Anonymous, er at de reagerer på manglende love og praksis for, hvordan man opfører sig på Internettet. Det skaber frustration og fører dem ud i selvtægt. Overordnet set kæmper de imod overfladisk politisk korrekthed og censur på Internettet samt retten til at sige til at udtrykke sig frit.

Piratpartiet

Hvor Anonymous udfører selvtægt i form af terror og chikanerier, så har Piratpartiet i Sverige valgt at gå den parlamentariske vej. Piratpartiet blev stiftet i 2006 og på det seneste oplever en stor succes – især blandt netgenerationen. IT-konsulent Christian Engström, der er næstformand i partiet og valgt ind i Europaparlamentet siger: "Vi er et borgerretsparti, som kæmper for, at grundlæggende rettigheder som brevhemmelighed, informationsfrihed og retssikkerhed også skal gælde på internettet."

Piratpartiets succes udspringer konkret fra en sag om fildelingstjenesten The Pirate Bay, der har fungeret som søgemaskine, hvor brugerne kunne finde frem til computere med ulovlige kopier af film, computerspil og musik. The Pirate Bay havde ikke selv materialet liggende, men linkede videre til andre. Dermed mente de at kunne omgå ophavretslovgivningen. Men i april 2009 blev de fire personer bag fildelingstjenesten Fredrik Neij, Peter Sunde, Gottfrid Svartholm Warg og Carl Lundström ved retten i Stockholm idømt hvert et års fængsel samt en erstatning på 30 millioner svenske kroner. Denne dom fandt mange i Sverige urimelig, og den fik især unge mennesker til at strømme hen mod det ellers oversete parti i håb om på denne måde at ændre lovgivningen.

Allerede året forinden havde The Pirate Bay været anledningen til en principiel sag i Danmark, idet Landsretten stadfæstede, at Internet-udbydere blev pålagt at lukke for adgangen til The Pirate Bay. Sagen er kontroversiel, fordi den gør Internet-udbyderne ansvarlige for at ophavsretslovgivningen overholdes. Efterfølgende har Internet-udbydere i Danmark fulgt dommen og spærret for adgangen, men som modtræk er der lagt information ud på nettet om, hvordan brugerne omgår spærringen. Procesbevillingsnævnet gav dog i april 2009 tilladelse til, at spærringen af The Pirate Bay skal behandles i Højesteret.

Piratpartiet rammer således ned i nogle helt aktuelle problemer med en ophavsretslovgivning, der er skabt i en helt anden tid, hvor kopiering var besværligt og tidskrævende. Information opfattes som en vare, hvor der gælder udbud og efterspørgsel. Men i stedet skaber ophavsretten et kunstigt marked, hvor adgangen til information begrænses. For information er ikke en begrænset mængde, men kan tværtimod kopieres i rigelige mængder, så der bliver nok til alle. Og jo flere der har adgang til information, desto mere er det værd.

Partiet adskiller sig fra hackernes og cyberpunkernes parole "information wants to be free," der fandt sin inspiration i Lyotards ønske om total informationsfrihed, idet Piratpartiet kæmper for retten til at have et privatliv på Internettet. De slås ikke blot for retten til fildeling, men også mod love, der indskrænker personlig integritet ved for eksempel at overvåge internettrafikken. Det får som konsekvens, at de modarbejder den nuværende svenske terrorlovgivning, som ifølge partiet krænker den enkeltes retssikkerhed. De er dermed blevet et reelt modspil til de borgerretsfjendtlige terrorlove, der både herhjemme og i andre vestlige lande blev indført i kølvandet af terroristaktionerne den 11. september 2001.

Hvis Piratpartiet skal have en succes på længere sigt, må de opbygge en bredere politisk profil end blot et par mærkesager. De må gøre sig klart, at de repræsenterer folk i vidensamfundet, at de repræsenterer unges medieteknologiske interesser og den voksende nørdkultur. Med en sådan indsigt vil de kunne formulere større visioner, der kan skabe grobund for en egentlig politisk ideologi. Piratpartiet bør ligeledes forstå sig selv historisk i forhold til borgerretsbevægelserne. Til at formulere en sammenhængende ideologi kan det eventuelt være en idé at lade sig inspirere af piratsamfundet Libertatia, hvilket var et utopisk piratsamfund, man mener, blev beskrevet af Daniel Defoe.

Hvorvidt Piratpartiet har fremtiden for sig er svært at sige på nuværende, men de har i hvert fald taget det fornuftige skridt at beskæftige sig med de reelle problemer vidensamfundet står overfor i dag både socialt og kulturelt.

Læringsteori

Mange i netgenerationen vil blive ansat som lærere og undervisere og ydermere vil nogen af dem blive ansat som seminarielærere og læringsforskere. Generationen må derfor tage stilling til, hvad god og fornuftig læring er. De bliver nødt til at udvikle en grundlæggende læringsteori.

For at udvikle en god læringsteori er det helt grundlæggende nødvendigt, at have en holdbar læringsteori. Det handler ikke bare om at forstå, hvordan vi lærer, men også om hvordan vi opfatter mennesket. Hidtil har kampen stået mellem om mennesker er sociale væsner eller kognitive individer. Når man stiller det op på den måde, synes det for os i dag indlysende at nå frem til, at det ikke er et enten-eller, men derimod et både-og. Vi er tænkende individer, der indgår i sociale fællesskaber. Vi kan lære i fællesskab og hjælpe hinanden, men vi kan også lære alene – og noget viden skal desværre terpes ind, så man kan det på fingrene.

Mennesker er hverken kognitivt eller socialt mekaniske. Deri ikke sagt, at vi ikke påvirkes af biologiske og sociale faktorer. Selvfølgelig gør vi det, vi påvirkes af hele virkeligheden omkring os, men mennesket har muligheden for at gøre uforudsigelige ting – både konstruktivt og ødelæggende. I langt de fleste tilfælde gør vi imidlertid det, der forventes af os. Det betyder, at de forventninger vi stiller til elever afspejles i deres selvforståelse og præstation, hvilket igen betyder, at lærere kollektivt har et særligt ansvar for at give eleverne en opvækst som kloge individer.

Kollektivisterne har som lærere haft ansvar for flere generationer af børn og unge. Det er også en af grundende til, at mange har en mening om dem. De tog udgangspunkt i det fri barn, der var intuitivt og levende. Faktisk opfattede de den tilstand, som den mest ædle. Ligesom marxisterne ønskede, at vi skulle vende tilbage til det urkommunistiske klasselæse samfund i en fjern fortid, som vi kun kan gætte på, hvordan i virkeligheden var, på samme måde søgte pædagoger og lærere at finde frem til det rene barn i os alle sammen. Set fra en lærers synspunkt er barnet nok interessant, men som slutmål er det højst uinteressant. Det kommer ikke til at handle om at tilegne sig viden og erfaring, så man en dag kan stå på egne ben og bevæge sig selvsikkert ud i verden, men derimod om at finde det indre barn og lade det komme til udtryk.

Med det udgangspunkt er det ikke så mærkeligt, at vi har set unge mennesker, der uden synderlig grund kaster sten mod politiet, og en generation af individualister, der kun tænker på sig selv og egne umiddelbare behov. De samme individualister, der konsulterer coaches, mentorer og kommunikationsrådgivere for at de skal tage stilling til og ansvar for deres handlinger, fordi generationen aldrig selv fik lært at stå på egne ben.

Individualisterne opfatter børn og unge som en forlængelse af deres eget projekt, ligesom kollektivisterne i sin tid opfattede børn og unge som en del af deres projekt. På det seneste er individualisterne så småt begyndt at blande sig i børneopdragelse, selvom det ikke er en del af deres fuldtidsbeskæftigelse. Det sker gennem indførelse af kanonlitteratur og et forsøg på at gøre børneinstitutioner til konkurrerende virksomheder, så det passer til deres forventninger og verdenssyn. I forhold til kollektivisterne har de lettere ved at acceptere, at børn bliver voksne en dag, til gengæld har de sværere ved at forstå, at børn har en anderledes måde at se verden på – og ikke går op i reklamer og firmafester på samme måde som forældrene.

Udfordringen for netgenerationen, der jo overtager uddannelsesopgaven efter kollektivisterne, bliver at lave en pædagogik, der ikke kun ser på barnet, men udvikler kommende generationer til at blive selvstændige individer med viden og færdigheder, der er fremtidssikrede, det vil sige kan forholde sig til og agere i videreudviklingen af informationssamfundet. Deres mål er dog heller ikke at fremstille børn, der er små voksne omgivet af coaches og mentorer, men at tage udgangspunkt i børn, der udvikler sig mod at blive selvstændige voksne.

Det betyder, at et vigtigt ærinde for netgenerationen bliver at udvikle et pensum, der er opdateret til det 21. århundredes problemstillinger og kulturelt er i stand til at skelne mellem skidt og kanel i nørdkulturen, så man kan redegøre for, hvad der har idémæssigt kunstnerisk potentiale, og hvad der blot er simpel underholdning. Dannelse bliver igen et ideal, men det bliver ikke nødvendigvis en dannelse, vi kan nikke genkendende til i dag. Det bliver lige så vigtigt at kende til computerspil og film som bøger og anden kunst. Computerkendskab vil blive taget for givet og ligge som grundlag for den kultur, netgenerationen gerne vil fremme, hvor skriftlig velargumenteret viden vægtes højt. Der er stor sandsynlighed for, at vi bliver ramt af en rationel bølge, som modsvar til den anti-rationalisme, der har præget fjernsynkulturen.

Didaktisk nyskabelse

Vi står overfor et muligt nybrud med den folkeskole, som vi har lært at elske og hade siden 1970erne. Dengang blev vægten flyttet fra udenadslære til gruppediskussioner. Vinderne skulle oprindelig have været de svage elever, men det viste sig på længere sigt at være mest gavnligt for de middelgode. Ulemperne var, at de svage elever, så en på kort sigt kærkommen mulighed for at melde sig ud af undervisningen skjult i gruppen, der ikke havde autoritet til at sætte dem til at lave noget.

På den anden side oplevede de stærke elever at blive holdt tilbage og nede på et lavt niveau, hvor det bare gjaldt om at mene noget uden for alvor at tænke sig om. Der er blevet rettet lidt op på dette mønster med indførelsen af klare mål, men i bund og grund er det stadig 1970erne bløde pædagogik, der hersker, hvilket skyldes, at de unge lærere fra dengang stadig er der til at trumfe, der dagsorden igennem. Lærerne er bare ikke unge længere, men til gengæld sidder de tungt på skolesystemets magtapparat.

Nye ideer er på vej, og det bliver ikke nødvendigvis et opgør med gruppearbejde, men sandsynligvis med den bløde linie. Det kommer snarere til at handle om at fokusere helt anderledes i undervisningen. Som eksempel på en pædagogik, der passer til netgenerationen, finder vi Østerskov Efterskole. Her har man valgt at lave en pædagogik baseret på rollespil gennem tvær- og flerfaglige forløb. Eleverne lærer gennem leg, men fokus er ikke bare på processen, som i den bløde pædagogik, men på at alle elever skal lære noget. Det er så at sige ikke bare for sjov, selvom eleverne gerne opfatter det sådan. Det har vist sig muligt at integrere alle fag i rollespilsscenarier og få eleverne til at opleve succes og fremgang, hvad enten de var svage eller stærke elever. Her udnyttes elevernes fantasi og forestillingsevne konstruktivt som en styrke i undervisningen i stedet for at være noget, der bør holdes nede for ikke at forstyrre eller som ren dyrkelse af det infantile. Det kræver dog også, at man bliver nødt til at tænke undervisning og uddannelse helt forfra for derved at fremme læring og resultater.

Derudover vil vi helt sikkert til at opleve en langt stærkere integrering af computermediet i undervisningen, end vi allerede har set. Således vil eleverne i fremtiden opleve lærere, der ikke viger tilbage for at bruge informationsteknologi aktivt i undervisningen. Tværtimod vil de kræve investeringer i den nyeste teknologi for at udnytte den optimalt. De vil forvente, at elever i de højeste klasser medbringer en bærbar computer, hvorfra de kan downloade deres opgaver og indgå i aktiv dialog med hinanden over nettet. De vil kunne bruge den viden de henter fra Internettet i undervisningen og ved samme lejlighed lære kildekritik og tage stilling til, hvad der er troværdig viden, og hvad der ikke er. Man plejer at sige, at man ikke kan stole på, hvad der står på Internettet, og det er vel korrekt, men vi burde faktisk være lige så påpasselige med, hvad der står i bøger.

Nu skal diskussionen om kildekritik ikke skygge for det væsentlige. Informationsteknologien vil af netgenerationen ikke blive opfattet som en fjende, men tværtimod et vidensrum de kan alliere sig med i deres undervisning. For fremtiden kan man derfor sagtens forestille sig, at vi ikke får lærebøger i traditionel forstand, men derimod et frit tilgængeligt arsenal af e-lærebøger, der løbende kan opdateres. På den måde skal hver skole ikke udlevere klassesæt med forældet information som i gamle dage, men kan få adgang til den nyeste viden bearbejdet for skolebørn. I praksis kan dette lade sig gøre ved at staten indgår aftaler med forlagene, idet staten betaler for brugen af e-bøgerne. Alle forlag stilles lige og kan tilbyde e-bøger på skolens net. Forlagene forpligter sig på jævnligt at opdatere deres bøger. Til gengæld modtager de penge af staten svarende til, hvor meget deres lærebog bliver brugt.

På den måde bevæger vi os mod en revolution af skolen, hvor der er fokus på, at eleverne skal lære noget. Skolens formål bliver, at eleverne udvikler sig mod at blive voksne, hvor de skal indgå i et voksenliv, og hvor de får de rigtige værktøjer til selv at tage stilling og løse problemer på baggrund af viden.

Forskning

Der er ingen tvivl om, at netgenerationen får indflydelse på naturvidenskabelig forskning. Imidlertid er den naturvidenskabelige forskning allerede i forvejen påvirket meget af nørdkulturen – og omvendt. Således kan man følge, hvordan ideer fra science fiction fandom-miljøet øver indflydelse på, hvordan ideer udvikles. Således var opfinderen af mobiltelefonen, Martin Cooper, inspireret af Kaptajn Kirks Star Trek communicator. Forbindelse science fiction fans og naturvidenskabelige forskere er åbenbar og har fundet sted længe. Netop fordi den tankemåde har haft succes indenfor naturvidenskaben, kan denne succes smitte af på andre videnskabsgrene.

Det interessante er, at vi derfor kan forvente, at humanistisk og naturvidenskabelig forskning, nu går samme vej. Vi vil ikke derhen, at humanistisk og naturvidenskabelig forskning blot kopierer ideer fra Star Trek, selvom det også er en mulighed, men vi vil gøre opmærksom på, at nørdkulturen sniger sig ind, fordi tidligere idégrundlag har spillet fallit. Spørgsmålet er naturligvis, om nørdkulturen er løsningen.

Det, som nørdkulturen kan tilbyde, er et alternativ til den bestående kultur, det vil sige et anderledes perspektiv, der i sagens natur gør det muligt at se verden fra en anden vinkel og måske med lidt andre briller. Den kan tilbyde et helt nyt sæt af autoriteter, der undslår sig Karl Marx og Sigmund Freud samt postmodernismen.

Samfundsvidenskabeligt kan det vise sig, at netgenerationen begynder at hente ideer ind fra science fiction til at forstå samfundet. Det kan vise sig at blive meget skadeligt, idet vi pludselig får et nyt lukket autoritært samfundsprojekt, der måske kan minde om fascisme og kommunisme, men i stedet eksempelvis har som sin målsætning at nå ud i rummet for rummets egen skyld. Lidt ligesom det skete med rumkapløbet i 1960erne. Muligheden for at de sætter gang i lignende storstilede, bimse projekter er desværre absolut til stede.

De kan også hente science fiction-ideer fra William Gibsons forestilling om cyberspace, hvor mega-koncerner styrer verden, men det ligger nok alt for meget i forlængelse af, hvordan individualisterne tænker. For det bliver vigtigt for netgenerationen at have en idé om, hvordan staten og statsadministrationen kan omforme samfundet. Hvis vi følger den anskuelse, kan man få den tanke, at et storslået samfundsprojekt kan gå ud på at få gjort hele samfundet totalt netbaseret, hvor overvågning og kontrol tages endnu mere for givet end i dag. Med de tiltag vi ser for tiden, er der mere og mere overvågning på vej, ført an af borgerlige politikere og baseret på angst for kriminalitet og terror. Hvis det i en snarlig fremtid bliver misbrugt, kan det få frygtelige konsekvenser. Det er indført under et postulat om at beskytte demokratiet, men kan nemt få den direkte modsatte konsekvens.

Der er desværre en vis sandsynlighed for, at de begynder at gennemføre voldsomme projekter med tilsvarende voldsomme konsekvenser både positivt – og i særdeleshed også negativt. Her kan man håbe på, at der vil være nogen, der er i stand til at moderere dem, hvilket desværre er knap så sandsynligt, da hverken kollektivisterne eller individualisterne vil være i position til at stoppe dem.

Et succesfuldt scenarie kunne være, at de rationelt begynder at undersøge, hvilke samfundsvidenskabelige teorier, der virker, og hvilke der har fejlet for derpå at gennemføre en grundig analyse af hvorfor, før de handler. Såfremt netgenerationen sætter sig for at finde frem til, hvad staten kan og skal, og hvilke begrænsninger den bør have, så har de gode muligheder for skabe et velfungerende samfund.

Hvad angår den humanistiske forskning har den et stort arbejde foran sig. Den skal rydde op i dårlige modernistiske forklaringsmodeller og elendige postmodernistiske lappeløsninger. Et meget sandsynligt scenario er, at de fejler, fordi det simpelthen er for stor en opgave, og der er alt for mange underliggende, uudtalte dagsordener. Skulle det lykkes for dem, bliver de nødt til at indføre en ny rationalisme. Ikke forstået på en stupid mekanisk funktionel måde, men som et reelt forsøg på at forstå sandhed og forstå ideer på ideernes præmisser. Det gælder således ikke om i første omgang at købe eller sælge ideerne, men blot om at få dem beskrevet og forstået.

For at gennemføre dette projekt, bliver netgenerationen nødt til at finde et alternativt ståsted, hvilket nørdkulturen tilbyder.

Sekundær skabelse

Måske er den vigtigste bog i nørdkulturen Ringenes Herre af J. R. R. Tolkien. Det kan forekomme overraskende, fordi man skulle tro, at fortællinger om teknologi og naturvidenskab i en vis forstand burde være mere afgørende. Tolkien var jo selv forsigtig med industrialderens teknologi. I visse science fiction kredse dyrker man ham, som repræsentant for anti-videnskabelighed, hvilket er en misforståelse, for netop i sit videnskabelige arbejde gemmer Tolkien på sin succes.

Allerede i 1600-tallet foreslog lady Margaret Cavendish, hertuginde af Newcastle upon Tyne, at man i stedet for at erobre denne verden burde lave sin egen – ikke som blot pjank eller belærende satire, men som et seriøst videnskabeligt projekt.

I sit berømte essay Om Eventyrhistorier gør Tolkien nemlig opmærksom på, at han ikke er naturromantiker, idet han tager afstand fra at eventyr handler om at opføre sig uansvarlige små børn. Tværtimod fortæller han, at eventyr handler om at bruge sin viden rationelt, og Tolkien brugte al sin viden om sprog og kultur rationelt til at skabe en sammenhængende verden. Det at skabe en sådan sammenhængende fiktionsverden kaldte han *sub-creation,* eller som det hedder i den danske oversættelse sekundær skabelse. Her ligger en god del af forklaringen på, hvad nørdkulturen finder attraktivt i hans værker, nemlig skabelsen af en konsekvent intern logisk verden.

Kollektivisternes reception af Tolkiens værk er den, at de opfatter det ligesom et LSD-trip. Det passer med, at de opfattede LSD som et helt nyt bevidsthedsniveau ligesom Tolkiens verden fremstillede et nyt bevidsthedsniveau. Det var nødvendigt for en generation, der var i en helt ny samfundsposition at eksperimentere på den måde. Imidlertid er der den forskel, at hvor LSD dyrkede det irrationelle, så havde Tolkien et grundlæggende rationelt projekt, hvilket de desværre ikke havde øje for, fordi de ikke skelnede mere syretrip og et avanceret videnskabeligt filologisk, mytologisk og metafysisk projekt. Derfor tolkede de elverne som en slags Carlos Castañeda regnskovsindianere, hvor Tolkien reelt beskrev et ophøjet teknologisk kulturfolk. De var imidlertid ikke industriteknologiske, men det var svært at håndtere og forstå tilbage i 1960erne og 1970erne. Det var heldigt, at de amerikanske kollektivister kunne se Tolkiens nyskabte virkelighed, men de fortabte sig i hash-tåger. Til gengæld fattede nørdkulturen stik mod al forventning interesse for den.

Det Tolkien kan tilbyde nørdkulturen er en ramme for at skabe sammenhængende virkeligheder, der kan bruges til at eksperimentere med alternative ideer, og som faktisk udspringer fra deres akademiske baggrund. Tolkien var ikke et uuddannet lille indianerbarn, men derimod en veluddannet Oxford-professor, der brugte al sin viden på sit projekt.

Hvis kort ser på værket er dværge og elverfolk ikke en slags naturånder, men derimod selvstændige arter, der kan sammenlignes med rumvæsner. Dværgene fungerer som et symbol på de positive sider af industrialderen. Elverfolkene undersøger han nysgerrigt ud fra ideen om et folk, der er udødeligt, men søger dødelighed. Denne idé er eksperimental og nyskabende. Disse elverfolk er så unaturlige, at de til sidst må forlade menneskenes verden.

Elverfolkenes artefakter palantírerne er udtryk for en informationsteknologi. Det burde ikke kræve nogen nærmere forklaringer at fortælle, hvorfor en mytisk fremstilling af informationsteknologi er interessant. Især fordi Tolkien fandt på dem, før vi opfandt en tilsvarende teknologi. Med palantírer kan det ikke bare lade sig gøre at sende et budskab ud til masserne ligesom i tv og radio, hvilket i hans samtid var en mere oplagt tænkemåde, men det er ligeledes en teknologi, hvor man søger kan sende og søge information i et netværk. I Ringenes Herre opstår der faktisk en informationskrig mellem Sauron og Aragorn ved hjælp af en palantír, hvor de udkæmper en kamp om perception af virkeligheden, og hvor Aragorn viser, at han er den retmæssige arving til palantíren og den nye tidsalder. Bemærk, at Sauron bruger sin palantír til at sende falske budskaber, undertvinge og belære folk samt frarøve dem deres private tanker.

Vi kan nu så småt at forstå begynde den interesse, der er blandt netgenerationen for en bog, der har en mytisk fremstilling af informationsteknologi. En fremstilling af en alternativ virkelighed med konsekvens og intern logik. Der er også tale om en seriøs undersøgelse af sprog og kulturer givet nogle andre forudsætninger, end vi er vant til. Det er således ikke bare en alternativ verden, men en bog der kan give et helt nyt perspektiv, når gamle paradigmer falder fra hinanden. Derfor er Ringenes Herre ikke en flugt fra virkeligheden i den forstand, at man ikke ønsker at se virkeligheden i øjnene, ikke vil begribe virkeligheden eller ikke ønsker at tage ansvar for virkeligheden. Lige modsat er den et bud på, hvordan vi kan tænke anderledes og komme videre med fornyet klarhed.

For at kunne navigere i en sekundær skabelse, er det vigtigt, at fiktionsverdenen ikke forbliver illusionistisk, men også peger på sin egen fiktive karakter. Der skal gerne opstå verfremdung – et begreb introduceret af dramateoretikeren Bertolt Brecht – således at deltagerne i fiktionen ikke blot indlever sig i fiktionen, men også kan forholde sig kritisk og bedømmende til den med en bevidsthed om fiktionens afgrænsethed. Blot at blive suget ind i oplevelsen er ikke målet, da en sekundær skabelse er lige så meget en rationel erfaring som en følelsesmæssig oplevelse. Folk har anklaget eventyr for at være narreværk, men rent faktisk er det lettere at blive narret af noget, der ligner virkeligheden, end noget der ikke gør.

Med sekundær skabelse giver Tolkien os et værktøj til ikke bare at forstå anderledes verdenssyn, men også til at udvikle dem. Vi er kun lige begyndt på denne rejse, og derfor er det uvant. Af samme grund er mange sekundære skabelser langt fra lige spændende, men hvis vi forfiner denne teknik og forstår den bedre, kan vi nå meget langt med den ny informationsteknologi – længere end mange tror muligt.

Evnen til at kunne forstå og lynhurtigt hoppe mellem forskellige virkelighedsniveauer definerer vi som sub-creation fluency (sekundær skabelsesforståelse), mens det modsatte nemlig manglende forståelse for virkelighedsplaner og manglende evne til at navigere mellem dem, definerer vi som sub-creation blindness (sekundær skabelsesblindhed).

Kunstmytologi

Hvor en mytologi er en sammenhængende forståelse af fortællinger om guder og helte i en given kulturel ramme, er en kunstmytologi skabt med det formål at skabe en kunstnerisk og æstetisk tilfredsstillende mytologi. I modsætning hertil finder vi et forklaringsparadigme, hvis formål er, at give en intellektuelt tilfredsstillende forklaring på, hvordan verden hænger sammen. Det skal tilføjes at forældede forklaringsparadigmer, man ikke længere tror på, kan vise sig stadig at være interessante ud fra et kunstmytologisk perspektiv, idet formålet så bliver et andet nemlig at se skønheden (eller grimheden) i tænkemåden.

Eksempelvis kan en marxistisk kunstmytologi være interessant at undersøge æstetisk, uden at man af den grund er marxist eller tror på kunstmytologien. Den klassiske mytologi begyndte allerede at blive brugt kunstmytologisk ved indførelsen af skriftsproget i de græske bystater. Fra klassisk tid og frem til James Joyces Ulysses skrev man lange lister om gudernes allegoriske betydninger uden at tro på dem bogstaveligt. I den modernistiske læsning af Ulysses glemmes, hvordan det klassiske eventyr Odysseen har fungeret som kunstmytologi for Ulysses, hvilket betyder, at man har sværere ved at læse og forstå værket, hvis man ikke tager fat i Odysseen først. Da man i den modernistiske læsning vælger at ignorere de mange fine referencer, hvilket er imod James Joyces oprindelige intention med værket, holder man op med at forstå kunstmytologi, som et ekstra niveau af læsningen. Paradoksalt nok dyrkedes forfatteren af modernister for at afmytologisere litteraturen, men det var lige det modsatte, der var hans projekt. Derefter kommer en tid, hvor litteratur skal være så konkret og entydig som muligt. Allerhøjest benyttede man sig af marxistisk eller freudianske konspirationsteorier til at afsløre litteraturens "løgne". Forskellen er, at hvor James Joyce var godt klar over, at han benyttede en kunstmytologi, så benyttede freudianerne og marxisterne en konspirationsteori som forklaringsparadigme.

I det tyvende århundrede bliver det med modernismen almindeligt at forstå verden ud som et og kun et enkelt virkelighedsniveau, hvilket ikke er særligt funktionelt i praksis, hvorfor der foretages mange bortforklaringer af det, som deres forståelsesparadigme ikke kan håndtere. I sidste ende betyder det, at folk, der beskæftiger sig med kunstmytologier såsom asatro, bliver nødt til at tro på dem som sande, for ellers er de jo ikke relevante. Paradoksalt fremmer den modernistiske tænkemåde overtro. Asatro er jo egentlig et slags rollespil, hvor man ønsker at få en æstetisk oplevelse, men forhåbentlig ikke har nogen forventning om et reelt forklaringsparadigme på, hvordan verden hænger sammen.

Efterhånden som de modernistiske ideologier blev mere og mere utroværdige blev de i højere grad tænkt bevidst eller ubevidst kunstmytologisk, men da man havde svært ved at skelne mellem forklaringsmodeller og kunstmytologier, blev det opfattet som ikke bare ideologiernes sammenbrud, men også fortællingernes sammenbrud. Pudsigt nok har fortællingerne overlevet, men uden et troværdigt, sammenhængende forståelsesparadigme. I det postmodernistiske brud med modernismen arbejder man faktisk også kun et virkelighedsniveau nemlig overfladen og kun overfladen, hvilket er mindst lige så dysfunktionelt.

Vi har stadig store fortællinger, som vi handler ud fra, men der medfølger ikke et sammenhængende forståelsesparadigme. Det være sig fortællinger om at vi skal bringe økologi til hele verden, at vi skal bringe demokrati til hele verden, og at vi derudover befinder os ved tidernes ophør. Det er muligt at udvikle et sammenhængende forståelsesparadigme, men da vi på grund af postmodernismen ikke længere forventer, at det kan lade sig gøre, er der for øjeblikket ikke nogen, der på tager sig opgaven. Ud af dette springer en anden problematik, nemlig folk i netgenerationen, der ikke er blevet opdraget til at skelne mellem kunstmytologi og forklaringsparadigme, og derfor kun kan forholde sig til verden på et niveau. De lider af sub-creation blindness.

Et eksempel er real-life superhelte. Her er tale om principielt almindelige mennesker, der klæder sig ud som superhelte og sætter sig for at afpatruljere et område. De finder sammen på Internettet og hjælper hinanden med at være undergrundssuperhelte. Med denne identitetsforskydning bevæger vi os dog ud på et overdrev, hvor grænsen for, hvad der er lovlig opførsel i et samfund, kan blive overskredet. Derved krydser de også linien mellem fiktion og virkelighed, og da det kan føre til selvtægt, kan det få uoverskuelige konsekvenser. Forhåbentlig er de i stand til at se forskel mellem fiktion og virkelighed, men hvis ikke har vi et problem.

Et andet eksempel er otherkins, det vil sige mennesker, der er blevet så fascineret af elverfolk, varulve, vampyrer, enhjørninger og lignende fabeldyr og sagnfolk, at de rent faktisk tror, at de inderst inde er et sagnvæsen. Når der kun er et niveau af virkelighed, og den kunstmytologi føles rigtig, så må den logiske slutning være, at kunstmytologien rent faktisk er sand. Deres logik er der måske i princippet ikke noget i vejen med, hvis ikke fordi forudsætningerne for logikken, det vil sige præmisserne er fuldstændigt forkerte.

Og et tredje eksempel er computerspilsverdenen Digimon, hvor nogle spillere begyndte at tro på Digimonverdenen som reelt eksisterende i en anden dimension. De kalder sig Real Digimon Believers og tror på, at digimonuniverset er på vej til at åbenbare sig for os. De venter på det store Digimon Eclipse (Digiclipse), hvor der vil blive åbnet en portal mellem vores verden og Digimon-verdenen. Og de mener at have observeret flere Digimon Miniclipses. Det første fandt ifølge gruppen sted 16. marts 2008, og på denne dag oplevede de efter sigende at få superkræfter. I Digimonkultisternes opfattelse er computerspil og den tilhørende tv-serie skabt ud fra viden om en reelt eksisterende Digimonverden. Her har de mytologiske rollelege efter vores overbevisning taget overhånd. Før i tiden var Real Digimon Believers i øvrigt et åben websted, men efter at have været udsat for hån og sandsynligvis også hetz fra Anonymous har de nægtet åben adgang for alle.

Fælles for disse eksempler er, at det er mennesker, der er blevet udsat for nørdkultur og forsøger at bearbejde oplevelserne, så godt de kan, men desværre mangler de redskaber og forståelsesrammer til at håndtere det. Otherkins og digimon-kultister har det problem, at de er blevet eksponeret for en virkelighed med flere niveauer, fiktive verdener og litterære referencer, og de har svært ved at forholde sig til det. Det vil vi komme til at se mere af, fordi Internettet understøtter den slags interessefællesskaber, og vi befinder os i en ny tid, hvor det er vigtigere end nogensinde før at kunne skelne mellem fiktion og virkelighed. Det kan ikke ske ved at gemme fiktion bort, men derimod ved aktivt at beskæftige sig med en.

Modernistiske teorier har forvirret forholdet mellem kunstmytologi og forklaringsparadigme. Både Sigmund Freud og Carl Gustav Jung fremstiller hver deres helt personlige kunstmytologier, som de er overbevist om er den sande fremstilling af menneskets sande psykologi. De har nok været forklaringsparadigme engang, men at opfatte dem sådan i dag er overtro. Det interessante er dog, at selvom de ikke fungerer som forklaringsparadigme længere, så kan de stadig bruges kunstmytologisk til at skabe fortællinger. At bruge Jungs heltearketype og anima (det kvindelige i manden) som udgangspunkt for at lave fortællinger kan være æstetisk interessant, men at forstå menneskets psykologi på den på den måde er gammeldags overtro.

Vi skal lære at kende forskel på kunstmytologi og forklaringsparadigme, for hvis vi tror, at religion og ideologier blot er store fortællinger, så kan vi tilsyneladende lige så godt tro på handlingen i et computerspil som et velfunderet forklaringsparadigme. Vi skal lære at stille fornuftige spørgsmål til, hvad det er religioner og ideologier fortæller os. Vi skal ikke tro, at vi skal undgå forståelsesparadigmer, for det bliver bare i sig selv et nyt dårligt fungerende paradigme. Men vi skal gøre os klart, at vi ikke skal falde for en kunstmytologi, når vi ønsker en forklaring, og vi skal være forsigtige med, hvad vi vælger at tro på, men vi bliver nødt til at tro på noget.

Spilæstetik

Nørdkulturens helt særlige bidrag til vor tid er en helt unik spilæstetik. Det er en æstetik, der i modsætning til industrialderens spilæstetik (fx fodbold) benytter sig af en fiktionsverden. Det mest tydelige eksempel er Dungeons & Dragons fra 1974 af David Arneson & Ernest Gary Gygax. Det kan godt være at Dungeons & Dragons som fiktion er trivielt, men de foretager et mediemæssigt kvantespring – og der er den dag i dag stadig mange folk, der har svært ved at forstå det, fordi de sidder fast i fortiden. Rollespil er en så stor mediemæssig nyskabelse, at det har inspireret til andre nyskabelser nemlig live rollespil, samlekortspil og computerspil.

Det skal dertil siges, at rollespil har udviklet sig endnu videre siden dengang af folk som Greg Stafford, Sandy Peterson, Greg Costikyan, Keith Herber, Mark Rhein·Hagen, Graeme Davis, Kenneth Hite, Greg Stolze, Robin D. Laws, Jonathan Tweet og John Tynes, men den udvikling er betinget af det kulturelle paradigmeskifte, som D&D introducerer. Kulturel og æstetisk udvikling er betinget af store skift, men de mest interessante værker er faktisk dem, der forstår at forædle det første primitive gennembrud.

Rollespil består af fire elementer, der skal gå op i en højere kompleks helhed. Det er derfor, at det har taget mange tusind år, før vi nåede så langt i den kulturelle udvikling. Stadig den dag i dag, vælger mange at reducere kompleksiteten og stille sig tilfreds med samlekortspil eller live rollespil som eksempelvis Barda. Disse fire elementer er 1) regelniveauet, 2) spilverdenen, 3) det improviserede drama og 4) det narrative.

På regelniveauet finder vi hele den struktur, der er med til at skabe intern konsistens til den spilverden, rollespil tilbyder. Det fungerer på samme måde som den virtuelle teknologi giver computerspil intern konsistens. Det vigtige er ikke at have mange regler, men de nødvendige regler, og reglerne skal underbygge spilverdenen. Det er vigtigt, at kunne navigere mellem regelniveau og de andre niveauer, således at reglerne fremmer rollespillet og ikke står i vejen for samme. For at forstå reglernes betydning, skal man gøre sig klart, at reglerne er en del af det æstetiske udtryk og dermed en del af den kunstneriske udførelse.

Spilverdenen er ikke reglerne, men reglerne påvirker naturligvis, hvordan spilverdenen fungerer. At skabe en velfungerende spilverden udføres bedst ud fra princippet om sekundær skabelse, hvor verden er internt konsistent. Det betyder, at man skal undgå *suspension of disbelief* (ophævelse af tvivl). I denne tankegang, skal man suges ind i oplevelsen ved at blive hypnotiseret af flotte effekter, der skal dække over, at plottet og verdens logik ikke hænger sammen. Det kan skabe basale følelsesmæssige reaktioner, men det giver ingen intellektuel tilfredsstillelse, og derfor når det heller ikke op på et højere følelsesmæssigt niveau. Det egentligt engagerende er at udforske disse verdener og sætte sig ind i, hvordan de virker, og hvilke konsekvenser og overraskelser de rummer. Denne tendens har bredt sig til tv-serier, der i højere grad bliver univers- og plotdrevne, end de eskapistiske følelsesmæssigt drevne soap-serier. Det interessante er at udforske den sekundære skabelse, snarere end at få et emotionelt fix.

Hvad angår det improviserede drama, bliver man nødt til at forholde sig til reglerne, der strukturer ens karakter. Karakteren indgår i en spilverden, og for at kunne spille, må spilleren nødvendigvis opretholde et skel mellem egen identitet og rollen – ellers fungerer det ikke. I den forstand er rollespil et opgør med den postmoderne forestilling, at der ikke er forskel mellem identitet og rolle – populært sagt, at man er sit slips. I det improviserede drama i rollespil er rollens særlige perspektiv lige så spændende at udforske som selve verden. Derved er det anderledes fra improvisationsteater eller totalteater, hvor det blot handler om den dramatiske oplevelse.

Endelig har vi det narrative element, det vil sige selve fortællingen. I en spilverden kan der være mange potentielle fortællinger. Ligesom et teaterstykke aldrig opføres helt ens, selvom det har samme plot, så kan samme rollespil have mange forskellige plot fra gang til gang. Netværket af plotlinier er den måde, man i rollespillet udforsker spilverden, regler og karakterperspektivet.

Rollespil gør deltagerne i stand til at udvikle og agere i sekundære skabelser. Samtidig tilbyder rollespil en æstetisk form, der kun kan håndteres ved hurtigt at navigere mellem forskellige virkelighedsniveauer og derved forstå og skabe helt nye internt logiske verdenssyn. På den måde udvikler rollespil sub-creation fluency hos deltagerne.

Med forståelsen af rollespil får vi et helt nyt perspektiv til at begribe de nye medieteknologier og de computerskabte rum, og man bliver i stand til at tilegne sig den virkelighed, der eksisterer efter modernismens sammenbrud, som en sammenhængende ny verden – og ikke bare tilfældige postmoderne absurdistiske manifestationer. De små fortællingers tid er forbi. Nu handler det om nye sammenhængende verdensbilleder. Vi har fået en ny kulturverden – en kultur, der også er teknologisk, og som er i stand til at styre teknologien.

Spilkultur

Udbredelsen af denne særlige spilæstetik, der gør, at vi bliver i stand til at forholde os til flere forskellige virkelighedsplaner samtidig, sker gennem den spilkultur, som nørdkulturen har skabt. Denne spilkultur handler om at deltage i fiktionsverdener, og den har bredt sig fra rollespil til samlekortspil og computerspil, men også til litteratur, film og anden kunst såsom fiktive encyclopædier og fiktive sprog.

Når vi i dag oplever online computerspil såsom World of Warcraft, så kommer det ikke ud af ingenting. Spilverdenen er inspireret af den sekundære skabelse i Ringenes Herre, og spilsystemet er inspireret af Dungeons & Dragons. Det er vigtigt at forstå, at disse fænomener har en alternativ kulturhistorie, nemlig et alternativ til den modernistiske kulturhistorie, der kan føres tilbage til Madame Bovary og fodbold.

Fra at denne spilkultur har eksisteret lidt hengemt i nørdmiljøer, er den nu udbredt til større dele af befolkningen – især de unge. Denne tendens til at udbrede sekundære skabelser og spil med fiktionsverdener ser ud til at fortsætte. Der er simpelthen en lang række kulturfænomener, der kun giver mening i den kontekst. For at begribe de særlige kvaliteter, den ny verden fordrer, bliver man nødt til at gå ind i denne kontekst. At indgå i rollespil er at blive dannet i nørdkulturen, og derfor er rollespil en kultiveringsproces, der sammen med andre nørdkulturfænomener er nødvendige for at kunne agere i vidensamfundet.

Uden denne opdragelse er man blind overfor virkelighedsplaner og kan kun forholde sig til et enkelt virkelighedsplan, som alt andet skal reduceres til eller slet ikke i stand til at forholde sig til virkeligheden overhovedet. Således handler spilkulturen ikke om at flygte fra virkeligheden, som den eller hele tiden beskyldes for, men at berige den. Skulle man have lyst til at bruge den til ren eskapisme bliver den uinteressant, fordi eskapismen undergraver virkelighedsfornemmelsen.

Ud over at spilkulturen fremkommer i helt nye medieformer og teknologier, giver den også et nyt perspektiv på, hvad der førend forekom som fastdefinerede kulturfænomener. Spilkulturen og den medfølgende spilæstetik ændrer vores perception af old media, traditionelle spil, arkitektur, musik, kunst, mode, erotik og litteratur. Det kommer helt af sig selv, fordi nørdkulturen er interkulturel med mange referencer og hyperlinks.

Grunden til, at nørdkulturen er allerstærkest funderet i spilkulturen, er, at dette danner grundlag for nørdkulturens nyskabelser. Dette perspektiv har endnu ikke for alvor slået igennem på universitetsniveau, fordi de gamle kollektivister er blinde overfor disse komplekse virkelighedsplaner. Derfor har den hidtige løsning på at forstå dette været, at opfatte det som uforståeligt, forvirrende og bizart nok infantilt.

Det er således ikke blot en spilkultur, der spreder sig, men et helt nyt perspektiv, der gør os i stand til at indgå konstruktivt i vidensamfundet. Dette udvidede perspektiv øver indflydelse på hele vores perception af den øvrige kultur, og vi bliver i stand til aktivt at blive idemæssigt nyskabende, fordi vi udvikler nye tankemønstre.

Computerspil

Nørdkulturen opfattes nogle gange synonymt med computerspil. Det er langt fra hele historien, men der ligger den sandhed gemt, at computerspil forener flere dele af nørdernes kultur til et hele. Det gælder interessen for computere, fantastik, film- og tegneserieæstetik samt naturligvis en spilæstetik, der gør brug af fiktionsverdener. Med andre ord henter computerspil sine ideer fra nørdkulturens litteratur, tegneserier, film, rolle- og strategispil.

Det første adventurespil Adventure var inspireret af Dungeons & Dragons og et spil som Civilization var oprindelig et avanceret brætspil udgivet af Avalon Hill. Brugen af Harry Potter, superhelte og Cthulhu-monstre er således ikke spor tilfældig, men derimod en konsekvent brug af nørdkulturens begejstring for kunstmytologier. Reglerne i de fleste online rollespil er så godt som direkte kopieret fra Dungeons & Dragons. Det gælder ikke blot regelsimulationen, men hele måden at begribe den fiktionelle verden på.

Hvis vi et øjeblik forestiller os en verden uden nørdkultur, så ville computeriseret æstetik i dag udelukkende bestå af sportssimulationer, abstrakte hovedbrud, konceptuel EDB-kunst og hypertekstfiktion. Der ville ikke være adventurespil, computerrollespil og avancerede strategispil – herunder krigsspil. Man kunne naturligvis tænke, at de ville være opstået alligevel, men hvis ikke det var sket, ville computerspil have manglet den drivkraft, der kendetegner spilmarkedet i dag. Dette forsøg ud i kontrafaktuel kulturhistorie er selvfølgelig spekulation, og det skal derfor ikke drives videre ud i absurde konklusioner. Forhåbentlig giver det dog en fornemmelse af, hvor stor betydning nørdkulturen har på udviklingen af computerspil samt faktisk evnen til at udnytte computerspil som medie.

Betyder det så, at alt i denne nørdkultur blot er populærkulturelle manifestationer uden kunstneriske kvaliteter. Svaret er nej. Selvom der uden tvivl udgives mange spil uden særlige kunstneriske kvaliteter, så tilbyder nørdkulturens kunst og æstetik netop potentialet til, at kunstnerisk begavede spiludviklere kan drage fordel af kunstmytologier og hæve form og indhold til ikke bare et højere niveau, men en flersidighed af niveauer lige fra det laveste til det højeste og få dem til at fungere som en kunstnerisk kompleksitet med mange mulige udfald og overraskende handlingsforløb.

Dette er man faktisk begyndt at få øje på i akademiske kredse. Det seneste årti har været præget af en massiv interesse for computerspilsmediet blandt unge fremadstormende forskere. Disse spilforskere har formået at kaste helt nyt lys på et fænomen, der hidtil havde været overset. For at begribe feltet har de måttet finde nye tilgange til at forstå æstetik og kultur, og i den proces har de udviklet en særlig legeteoretisk tilgang kaldet ludologi (læren om spil og leg). Tidligere lege- og spilteorier var mest optaget af enten pædagogik eller økonomi. Nu var der behov for at udvikle teorier, der var i stand til at håndtere de æstetiske og kulturelle sider af legen og spillet i computerspil. Computerspilsforskningen er således en af de tydeligste trends i retningen af at forstå, hvad der sker, hvis nørdkulturen slår igennem i akademiske kredse.

Gamle teorier baseret på Freud og Marx er blevet trængt i baggrunden. Selv ikke postmodernistiske teorier slår til i forsøget på at begribe dette nye felt. Men selv om megen computerspilsforskning har været sandhedssøgende, vidner den også om, at det har været svært at udvikle et helt nyt teoriapparat, der var i stand til at tage nørdkulturen alvorligt. Således har der været oprigtige forsøg på at skabe forbindelse mellem disse computerspil og såkaldte modernistiske kunsteksperimenter, selvom der slet ikke er kulturhistorisk belæg for en sådan forbindelse.

En anden misforståelse er den evolutionærteoretiske tilgang, hvor humanvidenskabelige forskere med irrelevant pseudo-antropologi prøver at forstå computerspil og i øvrigt også al mulig andre æstetiske og kulturelle fænomener ud fra en forståelse af, hvordan de første mennesker var. På den måde lykkes det at se bort fra hele den menneskelige kulturhistorie. Den humanvidenskabelige brug af evolutionsteorien foregiver at være en forklaring, men reelt set forklarer den intet. I stedet konstateres blot fænomenets tilstedeværelse anskuet gennem en kunstmytologi om de første menneskers gøren og laden, mens den benytter sig af en naturvidenskabelig æstetik i formidlingen, det vil sige via sin retorik og begreber giver teorien et naturvidenskabeligt skær. Det skal tilføjes, at disse forskere naturligvis ikke har nogen evolutionærpsykologisk uddannelse, og vores viden om de første mennesker er rudimentær.

Hvis man endelig skal bruge en kunstmytologi til at begribe virtuelle verdener, så kan det anbefales at læse Tlön, Uqbar, Orbis Tertius af Jorge Luis Borges, hvor han viser, hvordan en konspiration om at skabe en alternativ fiktiv verden pludselig blander sig med vores egen virkelighed.

Det kan være svært at begribe en så ufattelig stor rollespilsverden, som den online-spillet World of Warcraft tilbyder. Den passer kun vanskeligt ind i den aristoteliske forståelse af enhed, hvor en fortælling stramt har en begyndelse, en midte og en slutning. Tværtimod er der mange små quests, der skal gennemføres. For at forstå en sådan spilverden bør man i stedet benytte sig af en episodisk dramaturgi, hvor hver episode, hver quest indgår i en større sammenhæng. Dermed giver hver quest mening – ikke bare i sig selv, men i relation til hele spilverdenen.

Man behøver dog ikke en kunstmytologi for at udtale sig videnskabeligt om emnet. At bruge viden om sekundær skabelse, episodisk fortælleteori samt ludologi i kombination giver en langt bedre forståelse af computerspil som fænomen.

Kanonisering

Vi vil vise, hvordan kanonisering finder sted ved eksemplet H. P. Lovecraft, der er gået fra at være ukendt pulp-forfatter til en del af den akademiske kanon på grund af nørdkulturen. Det er ikke vores intention at placere Lovecraft i den kanon. Det er han allerede, vi bruger ham som eksempel på de kulturelle ændringer, der er ved at ske.

Tilbage i mellemkrigsperioden mellem de to verdenskrige var der en forfatter ved navn H. P. Lovecraft, der skrev litteratur, der ikke var en del af den etablerede litterære verden. Faktisk kunne de kun udgives i tarvelige pulpmagasiner eller i fan-pressen, det vil sige et netværk af folk, der selv udgav deres publikationer. Lovecraft fornyede dette miljø og sørgede for, at science fiction-miljøet blev en del af denne selvudgivelsestradition.

Selv var Lovecraft gyserforfatter, der ikke skrev om victorianske spøgelser og vampyrer, men om paradigmatisk horror og frygtelige sandheder, der knuser og muterer gamle verdensbilleder; om at indse en ny og større sandhed i en sær ny tidsalder, hvor menneskets fatteevne knap kan følge med. For at gennemføre dette projekt satte han sig for at skabe sin helt egen kunstmytologi.

Lovecraft inviterede andre forfattere ind i denne kunstmytologi, som omhandlede kæmpevæsner fra stjernerne, der er mere intelligente end mennesker, og som en dag vil vågne og spise os, fordi menneskeheden er så uendeligt ligegyldig. Lovecrafts kunstmytologi kendes som Cthulhu-mytologien. Som i et spil delte og udviklede Lovecraft denne mytologi i fællesskab med de folk, han var i kontakt med via breve. Det betød, at mytologien udviklede sig til at blive en fælles referenceramme for en hel separat litterær kultur. Udover Lovecraft selv blev Robert E. Howard den mest kendte i forfatterkollektivet. Han er berømt for at have opdigtet og skrevet historier om barbaren Conan, der i øvrigt også havde en afgørende betydning i udviklingen af Dungeons & Dragons.

Desværre begik Robert E. Howard selvmord i en relativt ung alder, og Lovecraft døde også alt for tidligt. Derpå fulgte anden verdenskrig. I den efterfølgende tid var der en lang række fantastiske forfattere, der pludselig blev glemt. Det gik i første omgang værre med Lovecraft, da en selvudnævnt arving August Derleth under falske forudsætninger påstod at have ophavsret til Lovecrafts værker. Værker han ikke forstod meningen med, og som han fejlciterede, og oven i dette udgav egne fortællinger i Lovecrafts navn. Eftersom han var en af de få, der gad beskæftige sig med Lovecraft på det tidspunkt, antog folk, at det var sådan det forholdt sig.

August Derleth dør i 1971. Året efter i 1972 udstiller science fiction-forfatteren Richard L. Tierney i sit essay The Derleth Mythos Derleths voldsomme forsimplinger og direkte fejlfortolkninger af Lovecraft. Dette udløste en serie seriøse analyser af Cthulhu mythos–kosmologien, og i bedste nørd–tradition, ethvert aspekt af Lovecrafts livsforløb. Særligt den selvuddannede litteraturkritiker S. T. Joshi udførte et sandt mesterstykke af grundforskning, der tiltrak sig opmærksomhed samt anderkendelse fra centrale figurer i

Amerikansk litteratur såsom Joyce Carol Oates og Harold Bloom, hvor sidstnævnte er kendt som forfatteren til The Western Canon. Til sidst endte denne svært forståelige forfatter, der oprindeligt kun havde været udgivet i de billigste 1920 pulp–blade med i 2005 at blive udgivet i selveste The Library of America, blandt resten af Amerikas storværker, noget der i det forrige århundrede ville have været utænkeligt. Kanoniseringen af Lovecraft havde stik mod alle odds pludselig fundet sted.

Opdagelsen af Lovecraft får også følgevirkninger for den øvrige fantastiske litteratur, idet det univers af fantastiske forfattere, der havde påvirket Lovecraft, men gik i glemme efter anden verdenskrig, ligeledes bliver genopdaget. Disse genopdagede forfattere tæller berømtheder som Lord Dunsany, Arthur Machen og Gertrude Barrows Bennett, hvor sidstnævnte efter sigende er den kvindelige forfatter, der opfandt genren dark fantasy.

Det, som har tilladt os at genopdage Lovecraft og de andre nævnte forfattere, er rollespillet Call of Cthulhu fra 1981. For det første var rollespillet med til at udbrede denne stort set ukendte forfatter, men derudover tillod spillet en åbensindet tekstreception, der ikke var bundet op på industrialderens litteraturteoretiske fejlgreb, hvad enten de var psykologisk, socialt eller evolutionært begrundede. Sagt med andre ord, åbnede rollespillet op for, at man kunne forholde sig til et samlet fiktionsunivers i stedet for formålsløst at lede efter skjulte symboler og påtvinge dem på teksten. S. T. Joshi blev med sin rollespilsbaggrund i stand til at tænke udenfor industrialderens snævre rammer uden at lande i en meningsløs sump.

Den nørdkultur, der har været omkring Lovecrafts forfatterskab, har formået at værdsætte kunstmytologien og de mange referencer til andre forfattere, men også de fine referencer til tekstinterne kilder såsom den fiktive bog Necronomicon. At læse Lovecraft er at udforske en ny verden ved at gå på opdagelse i fortællingerne. Rollespillet og andre forfattere har endda haft lyst til at digte videre på verden med blandede resultater til følge. I denne sammenhæng er det imidlertid vigtigt at forstå, at lysten til at udforske universer og digte videre på fiktionsverdener ligger tæt op af de oplevelser, som den intellektuelle teknologi i form af computer og Internettet kan tilbyde os. Det er på de vilkår, at den ny kultur kan udvikle sig.

Fra at være ukendt og næsten glemt viser Lovecraft nu vejen ud af kulturel stagnation. Lovecraft er gået fra at være kultforfatter til at blive en del af den akademiske diskurs. Det er litterært paradigmeskift.

Skønlitteratur

Vi har allerede været inde på Tolkien og Lovecraft, men der er meget mere at sige om nørdkulturel litteratur. Konkret kan vi erfare, at netgenerationen har været meget glade for Harry Potter og Twilight. Det, der er at sige til det, er, at der er tale om børne- og ungdomslitteratur. Man kunne måske formode, at når de blev ældre, så ville de falde for mere realistiske værker, hvilket naturligvis er en mulighed. Men givet den kulturelle udvikling vi har observeret, forekommer det ikke sandsynligt.

Netgenerationen får dog brug for at kunne distingvere mellem børnelitteratur og voksenlitteratur indenfor fantastik. Ofte har man set Harry Potter sammenlignet med Ringenes Herre, uden folk har gjort sig klart, at Harry Potter er en børne- og ungdomsromanserie, mens Ringenes Herre er henvendt til et voksent publikum. Det ville derfor være mere oplagt at sammenligne med Hobbitten, som netop er skrevet for børn. Harry Potter er som børne- og ungdomsfantasy i kategori med Narnia-serien, Alice i Eventyrland, Den Uendelige Historie, Det Gyldne Kompas, Troldmanden fra Oz og Troldmanden fra Jordhavet.

Grunden til at opretholde denne skelnen mellem børne- og voksenlitteratur er den, at netop det provokerende ved Ringenes Herre var, at den var skrevet for voksne. I industrialderen mente man nemlig, at eventyr og fantasi tilhørte børnenes (de sortes og kvinders) verden, mens genren realisme var anset som en voksen (hvid og mandig) genre. Der var intet provokerende ved Hobbitten, da den faldt pænt ind i de i forvejen etablerede kategorier. Ringenes Herre derimod passede ikke ind, hvorfor den også med det samme blev pure afvist som et holdbart litterært værk. Ikke desto mindre står vi stadig med Ringenes Herre af J. R. R. Tolkien, mens mange af de forfattere, der blev anset som god akademisk etikette at kende i 1950erne, allerede nu er ved at blive glemt.

Sjovt nok faldt science fiction også mellem kategorierne. På den ene side handlede det om en moderne fremtid, hvilket blev opfattet som voksent og mandigt, men til gengæld benyttede genren sig af fantasi, hvilket passede ind med det, der blev opfattet som barnligt og kvindeligt. Da den endvidere beskæftigede sig med teknologisk udvikling, hvilket mange humanistisk uddannede personer fandt uinteressant, blev den udelukket fra litteraturvidenskabens akademiske domæne med en tynd påstand om, at der blot var tale om genrelitteratur. Den samme kritik kunne lige såvel påhæftes meget af den realistiske litteratur. Det er også en absurd anklage, da al litteratur er en del af en genre.

Siden da har science fiction levet i en ghetto, hvor den har måttet udvikle sin helt egen litteraturkritik udenfor de etablerede institutioner, men nu da netop disse institutioner gennemgår en opbrudsfase, bliver science fictions litteraturkritik interessant, da den kan fungere som et reelt alternativ til de fallerede etablerede institutioner.

Det vil være uoverkommeligt at opridse en dækkende liste over forfattere, der har beskæftiget sig med fantastik for voksne. Vi skal derfor kun nævne forfattere, der har udmærket sig ved deres litterære indsigt og dygtighed. Nogle af dem er også kendte og respekterede – især, hvis de ikke kommer fra Nordeuropa.

Fra det tyvende århundrede kan vi nævne H. G. Wells, der dog skrev sine bedste værker i århundredet før, men han er dog værd at omtale, da han har inspireret mange. Blandt andet C. S. Lewis' science fiction-trilogi, der i modsætning til hans børneeventyr er skrevet for voksne. Bemærk igen, at det er langt lettere at få barnlig fantastik accepteret. En anden af C. S. Lewis' inspirationskilder er David Lindsays "Rejsen til Arcturus".

Det er vigtigt endnu engang at pege på H. P. Lovecraft, J. R. R. Tolkien, C. S. Lewis og Jorge Luis Borges. I samme ånd bør vi nævne Alfred Jarry, Herman Hesse, James Branch Cabell, Franz Kafka, Mervyn Peake, William S. Burroughs, Philippe Jullian, Amos Tutuola, Philip K. Dick, Gene Wolf, Umberto Eco, Robert Graham Irwin, Stefano Benni, William Gibson, og Neil Gaiman. Dette blot for at vise, at ikke nok med at der findes litterære mestre indenfor fantastik, der findes en helt avantgarde af folk, der har fornyet fantastik for voksne bare i det tyvende århundrede, og som fortjener større bevågenhed.

Her skal desuden knyttes nogle få kommentarer til enkelte af dem. Mange har søgt efter en grund til, at Harry Potter havde så stor en succes hos netgenerationen. En mulig forklaring er den, at det magiske univers, J. K. Rowling fremstiller, følelsesmæssigt minder om at bruge computere og være på Internettet. Faktisk er kostskolen for de fleste unge måske mere fantastisk end selve magien. Hvis det forholder sig således, kan de videreudvikle disse perspektiver i den voksne fantastik. Glasperlespillet af Herman Hesse handler således om, hvordan filosofiske spil kan afløse overfladisk storytelling. Som allerede nævnt viser Jorge Luis Borges i novellen Tlön, Uqbar, Orbius Tertius, hvordan en sekundær skabelse trænger sig på og influerer vores virkelighed, og tilsvarende i William Gibsons novelle Gernsback Kontinuet vises, hvordan vores forventninger til fremtiden har forskudt sig, således at de fremtidsvisioner, der lå i det tidlige tyvende århundredes science fiction eksisterer i et parallelt univers, idet de aldrig blev aktualiseret i vores virkelighed som andet end skygger af, hvad der kunne være sket. Ydermere kan Borges' novelle Biblioteket i Babel hjælpe til at give en forståelse af Internettet. Endelig har Neil Gaiman med romanen American Gods forsøgt at skabe en kunstmytologi for det 21. århundrede.

Der er en udbredt forestilling om, at de unge mennesker ved at læse disse sekundære skabelser bliver forvirret og ikke kan kende forskel på fiktion og virkelighed. Denne påstand kommer sandsynligvis fra folk, der selv lider af subcreation blindness. For det forholder sig lige omvendt, at for langt de fleste gælder, at jo mere de beskæftiger sig med fiktionsverdener, desto bedre udvikles sub-creation fluency. Hvis man ikke har den rette baggrund til at forstå disse fiktionsverdener, kan der i visse sociale grupper opstå helt nye former for forvirring og identitetsproblemer – særligt i forhold til at forstå socialt liv på Nettet. Derfor er der grund til at give folk en dannelse, så de kan håndtere de nye interaktionsmedier. Det vil også hjælpe til, at folk ikke falder så let for konspirationsteorier som eksempelvis dem i Dan Browns forfatterskab.

For at udvikle denne evne bevidst kan man finde hjælp i litteraturkritikken. Med en bedre forståelse af sekundær skabelse bliver man også i stand til at forstå T. S. Eliot og James Joyce bedre. Deres perspektiv var ikke at skabe modernistisk litteratur, der skulle erstatte fortiden, selvom det er blevet direkte misforstået af industrialderens modernistiske litteraturteoretikere som et sådant projekt. Tværtimod var målet at vise at fortidens litteratur stadig kunne gøres relevant og blive brugt til noget. Det var derfor T. S. Eliot omtalte Joyce's værk Ulysses som mytopoetisk, det vil sige myteskabende.

T. S. Eliot øvede stor indflydelse på nykritikken, som han diskuterede sammen med C. S. Lewis, der dog indvendte, at nykritikken manglede forståelse for referencer og kulturel kontekst. Hvis man tilføjer disse elementer til nykritikken, får man en ganske velfungerende litteraturkritik.

C. S. Lewis' egne litterærteoretiske overvejelser kan læses i An Experiment in Criticism og kan appliceres på litteratur generelt – ikke kun Lewis' egne værker. I den forbindelse bør man ligeledes genlæse Tolkiens essay Om Eventyrhistorier, der også kan appliceres på meget mere end Tolkiens værker. Specifikt vedrørende science fiction-genren har C. S. Lewis skrevet essayet Om Science Fiction, der via Kingsley Amis var med til at forny hele det engelsk science fiction-miljø. Essayet bidrager til, at læseren kan forstå science fiction på et langt dybere niveau end blot som en tjekliste over, hvad ingeniører skal opfinde i fremtiden.

Danskfaget

De fleste danskere møder litteraturkritik i danskfaget i folkeskolen. En litteraturkritik der i hvert fald indtil for nylig bar præg af freudiansk overtro og manglende forståelse for sekundær skabelse og derfor ikke udviklede sub-creation fluency. Senest har diskussionen om danskfaget handlet om indførelsen af en forældet venstreorienteret, kulturradikal kanon, der paradoksalt nok blev iværksat af en borgerlig regering, hvis interesse for kunst og kultur var så lille, at de ikke selv kunne fatte det absurde i deres handling.

En af de mest omdiskuterede personer på den litterære kanon er Klaus Rifbjerg. Det skyldes ikke bare, at han stadig er nulevende forfatter, men nok så meget at den litterære kvalitet er middelmådig. Han har skrevet over hundrede bøger efter en simpel skabelon, der peger tilbage på industrialderens modernisme. Det værste er dog, at han blot er en generationsforfatter. Hans firkantede pointer er kun relevante for kollektivisterne og på ingen måde vedkommende for alle andre. Litterært har man slået på, at det var samtidsrelevant litteratur. Det betyder så til gengæld, at han ikke er meget bevendt, når den samtid ophører med at eksistere. Klaus Rifbjergs forfatterskab er derfor kun interessant som historisk dokumentation – ikke som litteratur.

Hvis vi skal se lidt mere positivt på dette kanon-fifleri, så kan vi se på de forfattere, der ikke er til at komme udenom nemlig Søren Kirkegaard, H. C. Andersen og Karen Blixen, hvor den førstnævnte var filosof, og de to andre skrev fantastik. Det burde give stof til eftertanke, at vores mest prominente forfattere retter deres fokus mod filosofi og eventyr – ikke mod en samtidsrelevans, der hurtigt overlever sig selv, og heller ikke mod social indignation. Det betyder dog ikke, at eksempelvis eventyr ikke kan være samfundsrelevante eller indeholde social indignation. Ja, et sådant indhold kan sagtens hæve (eller lige modsat sænke) kvaliteten af et givet værk. Det afgørende er dog at slå fast, at samfundsrelevans og social indignation ikke en litterær kvalitet i sig selv. Det kan højst være en interessant del af værket.

Netgenerationen vil fokusere på litterære kvaliteter, der understøtter sub-creation fluency. Det betyder, at vores danske litteratur vil blive set på med nye øjne. I stedet for at fokusere på Ludvig Holbergs Jeppe på Bjerget eller Den Politiske Kandestøber, vil man få øje på Niels Klims Underjordiske Rejse, der i øvrigt også er Holbergs mest kendte værk udenfor Danmark-Norge. Her fremstiller han en fiktionsverden, der i sig selv er interessant at gå på opdagelse i og udforske nærmere. Man vil måske også kaste blikket på H. C. Andersens science fiction-eventyr Om Årtusinder eller Den Store Søslange. I det hele taget vil H. C. Andersens forfatterskab kunne genaktualiseres med den rette tilgang.

Aktuelle danske fantasy-forfattere såsom Josefine Ottesen, Lene Kaaberbøl og Kenneth Bøgh Andersen lader sig gerne inspirere fra den angelsaksiske litteratur. Det er for så vidt heller ikke noget i vejen med – tværtimod. Men hvis man ser på, at Christiern Pedersen formåede at bevare Saxo Grammaticus og Holger Danskes Krønike, at N. F. S. Grundtvig opbyggede en national kunstmytologi, samt at eksempelvis A. G. Drachmann lavede nøje studier af saga, sagn og folkeviser, så er der måske interessante ideer at hente i Danmark, hvis man ved, hvor man skal lede efter dem.

Udover Saxo, Ludvig Holberg, H. C. Andersen og Karen Blixen er der en række andre danskere forfattere, der kan opnå fornyet interesse i kølvandet på netgenerationens nye perspektiv på, hvad danskfaget kan og skal. Det være sig Adam Oehlensläger, Martin A. Hansen, Knud Holten, Svend Åge Madsen, Anders Westenholz, Erwin Neutzsky-Wulff og Dennis Jürgensen for blot at nævne nogle få.

Ikke nok med at danskfaget vil få sig en tiltrængt fornyelse ved at fokusere på dannelsesaspektet og udvikling af sub-creation fluency, det vil samtidig også blive sjovere at deltage i danskundervisningen.

Tegneserier

Tegneserier er et spændende laboratorium for udvikling af nørdkulturens fortælleteknikker og udtryksformer. Det er for uoverkommeligt at redegøre for hele nørdkulturens relation til tegneseriemediet. Noget, der er vigtigt at slå fast, er, at tegneserier er et medie, man selv kan nørde med. Det handler således ikke kun om at sætte sig ind i disse sekundære skabelser såsom Supermans univers eller Marvel-universet, men faktisk også om at deltage aktivt i nørdkulturen.

Grunden til, at eksempelvis Supermans univers er så spændende, er, at det får sit eget liv. Selvom disse tegneserier langt fra altid er tegnet specielt godt, og de enkelte historier hver for sig ikke er særligt gode, så opstår der en særlig kvalitet ved selve universet efterhånden, som læseren lærer det at kende. Superman-tegneserier skal derfor ikke forstås isoleret, men i en sammenhængende verden, hvor der hele tiden kan tilføjes en ny episode. Den episodiske dramaturgi bryder med den aristoteliske helhed og skaber et langt bredere fortællebegreb end blot begyndelse, midte og slutning. Det handler om skabe forbindelser og referencer, og på den måde minder en Supermantegneserie om Internettet. Billedniveauet og tekstniveauet forbinder sig til hinanden. Tegneserier er nemlig ikke blot illustrerede bøger, men et udfordrende og komplekst samspil mellem tekst- og billedniveau.

En anden tilgang til tegneserier finder vi i Japan. Kulturhistorisk er Japan utrolig interessant, da de har et lige så avanceret informationssamfund som Vesten, men i modsætning til Europa, der romantisk dyrkede industrisamfundet, valgte Japan allerede tilbage i 1960erne aktivt at gå efter at blive et informationssamfund. Det er nok derfor, at vi i dag ser til Japan, når vi ønsker at se fremad ind i den fagre nye informationsteknologi. De har så at sige hjertet med i deres bestræbelser på at skabe computere og robotteknologi. På den måde fungerer Japan som en palantír for nørdkulturens drømme og visioner. Det ser vi blandt andet i deres tegneserier kaldet manga, hvor de gerne tematiserer fremtidsdrømme med avanceret informationsteknologi som i 1980ernes og 1990ernes cyberpunk. Mest kendt er nok Akira og Ghost in the Shell.

Japanerne har med deres manga udviklet et helt nyt billedsprog med egne virkemidler, idet eksempelvis følelser udtrykkes på en anden måde end i vestlige tegneserier. De benytter også et andet mytologisk materiale, som det kan være spændende at sætte sig ind i. Herhjemme har det inspireret til Jan Kjærs og Merlin Manns drengebog Taynikma.

Ud af den japanske tegneserieinteresse er der desuden udsprunget en helt særlig sub-kultur kaldet cosplay (forkortelse af costume play), hvilket er en interesse for at klæde sig ud og posere som en mangakarakter. I samme sfære findes også asian ball-jointed dolls (asiatiske kugleledsdukker), der gerne er designet efter karakterer i manga. Begge disse interesser finder størst udbredelse blandt piger og kvinder i netgenerationen.

En europæisk tegneserie, der er værd at komme ind på, er Hemmelighedsfulde Byer fortalt af Benoît Peeters og tegnet af François Schuiten. Med deres art nouveau-inspirerede set-ups og Borges-inspirerede plots, er det lykkedes dem at sætte et utrolig højt niveau for tegneseriekunsten, idet der arbejdes med avancerede ideer, der understøttes af et nidkært, stilbevidst formsprog. Vi kommer heller ikke udenom Neil Gaiman, der med Sandman udviklede en helt særlig sekundær skabelse, der byggede på elementer af klassiske og moderne mytologier omkring Morpheus, den tragiske helt og personifikationen af drømme. Vi bør også nævne Dave Sim, der på sin helt egen unikke måde med sin årelange serie Cerebus har vist, at tegneserieformen kan bruges til udvikle et højst personligt statement, der ligeledes gør brug af klassiske og moderne myter.

Den dygtigste tegneserieskaber i dag er dog uden tvivl Alan Moore, der har skabt enestående værker som Watchmen, V for Vendetta, From Hell og Det Hemmelighedsfulde Selskab (League of Extraordinary Gentlemen). Særligt med Det Hemmelighedsfulde Selskab har Alan Moore vist en helt ny vej for tegneseriens fremtid. Ved at tage karakterer fra vores fælles kulturhistorie og indplacere dem i en ny helhed, der bliver mere end bare de enkelte referencer i sig selv, men derimod skaber en enestående sekundær skabelse med sin helt egen internt logiske struktur. Med Det Hemmelighedsfulde Selskab kan vi begynde en kunstnerisk rejse, der gør brug af hele vor samlede kulturhistorie som udgangspunkt for komplicerede fortællinger i et netværk af kulturelle og æstetiske forbindelser. I stedet for at opfatte kulturhistorien som et lukket museum, kan vi rent faktisk bruge den til noget.

Alan Moore er samtidig en mand, der gennem sit mangeårige arbejde med tegneserier har sat sig for at forstå dem og i den forbindelse udviklet grænsebrydende tegneserieteori blandt andet i dialog med Dave Sim. På Nettet kan man således finde The Sim/Moore Correspondence, hvor de diskuterer tegneseriemediets æstetik og udviklingsmuligheder.

Tegneseriemediet gør os klogere på vores egen kultur, gør os i stand til at udvikle sub-creation fluency og videregiver æstetiske ideer, som film, tv-serier og computerspil kan nyde godt af. En udfordring for netgenerationen bliver derfor at inkorporere tegneseriemediet i den akademiske verden. Kollektivisterne forsøgte i sin tid, men fejlede, fordi de havde for travlt med freudo-marxistiske studier til rent faktisk at forholde sig til tegneserien som et studie værd i sig selv. Faktisk burde tegneserieforståelse indgå som fast del af pensum i billedkunst og dansk som et tværfagligt samarbejde mellem de to fag for på den måde at lære eleverne at bygge bro mellem det boglige og det visuelle.

Film

At netgenerationen er opvokset med flot producerede eventyrlige film er ingen hemmelighed. De sidste ti år har været præget af film som Ringenes Herre, Narnia, Star Wars, Harry Potter, Spiderman og Batman for bare at nævne nogle af de store film. Netgenerationen har da også et intenst forhold til film og tv-serier, især hvis de indeholder fantastiske elementer. Film og tv-serier må gerne være krydret med gode digitale special effects. Men det skal handle om mere end bare imponerende effektjageri. Indholdet skal følge med. Effekterne er til for at understrege fortællingens ideer – ikke omvendt.

Et eksempel på, hvordan meningsløst effektjageri kan gå galt, er filmen Matrix. Wachowski-brødrene fik lavet en utrolig flot film, men de glemte reglen om intern konsistens. I filmen får Neo den forklaring, at hele Matrix-projektet skyldes, at man ikke kan få energi fra solen, og derfor opdrætter mennesker som energi til Matrix-netværket. Dette er forkert på flere måder. For det første kan man lave atomkraft uafhængigt af solens energi, og for det andet er mennesker indirekte afhængige af solens energi, da vores mad i sidste ende stammer fra planter, og for det tredje får man mindre energi ud af et menneske, end det koster at opdrætte et menneske.

I en dramaturgi baseret på *suspension of disbelief* er Matrix lykkedes. Seerne skal bare ophæve enhver tvivl og lade være med at tænke over, at plottet ikke hænger logisk sammen. Som sekundær skabelse er filmen derimod en katastrofe, hvilket bliver endnu tydeligere i de to efterfølgende film, der slet ikke kan få deres respektive fortællinger til at hænge sammen, fordi grundkonceptet ikke holder. Hvis Neo derimod var blevet fortalt, at man brugte menneskenes hjerner forbundet til hinanden til at skabe Matrix, havde det været logisk sammenhængende. Det ville også have været en interessant kunstmytologi at udforske. Men det skete ikke.

Matrix udspringer stilistisk af Ridley Scotts film Blade Runner, der er baseret på romanen Drømmer Androider om Elektriske Får af Philip K. Dick. Det, som Ridley Scott forstod, var, at Philip K. Dick primært var en idé-forfatter. Den bærende idé i bogen var at undersøge forholdet mellem menneske og maskine. Denne idé blev derfor også blev det bærende i filmen. Ridley Scott byggede dette dramatisk op til en storslået, dramatisk action-scene hen mod filmens slutning, hvor Rick Deckard (Harrison Ford) bliver forfulgt af androiden Roy Batty (Rutger Hauer).

Dette har desværre ført til, at senere filmatiseringer af Philip K. Dicks værker og andre cyberpunk-film næsten udelukkende har fokuseret på action-sekvenser og effekter i stedet for indhold. Philip K. Dicks forfatterskab kommer ikke til sin ret, og hvad værre er, publikum bliver spist af med dårlige film.

Det skal tilføjes, at Philip K. Dick har gennemgået en forvandling, der minder om H. P. Lovecrafts oprejsning til berømmelse. Philip K. Dick blev aldrig helt så glemt, men ligesom det gjaldt Lovecraft, havde det etablerede litterære miljø i sin tid ingen forståelse for hans litterære kvaliteter. Det har ændret sig, og han regnes i dag som en af de helt store amerikanske forfattere på grund af nørdkulturens udbredelse, og fordi han rent faktisk er en utrolig dygtig forfatter.

En science fiction-idé, der kom til sin ret, var de oprindelige Stjernekrigsfilm, der udforskede et spændende univers samt en jungiansk kunstmytologi. Det kom der tre gode film ud af. Da man ved millennium-skiftet skulle gentage succesen med de nye Star Wars prequels, mislykkedes filmene rent kunstnerisk. Den jungianske kunstmytologi var i mellemtiden gået hen og blevet en kliché, og desuden blev den blot appliceret på filmene, således at filmenes karakterer sjælløst fremstod som flade arketyper uden mål og mening. I sin tid undersøgte instruktøren George Lucas den jungianske kunstmytologi som idé, men nu var det blot blevet en idéforladt praksis, som han tilsyneladende ikke selv havde begreb om. Effekterne var dog utrolig flotte, men også inderligt ligegyldige, fordi de skulle gøre det ud for filmenes manglende indhold.

I det hele taget har den jungianske dramaturgi på længere sigt været mere skadelig end gavnlig for de fantastiske film. Ringenes Herre-filmene blev eksempelvis underlagt en jungiansk fortolkning, således at flere af bogens pointer gik tabt, og filmene blev usammenhængende.

Det skete da helten Aragorn fik drømmekontakt med sin udkårne elverprinsesse anima-arketype, fordi hun ellers var gledet fuldstændig ud af plottet. Dels var hændelsen plotmæssigt ikke særligt interessant, dels ødelagde den palantírens betydning, når folk nu alligevel havde kommunikative psykiske evner. Slaget ved Helms Kløft, hvor mennesket alene uden elvernes hjælp skulle kæmpe mod orker, blev ødelagt af en elverhær, der pludselig dukkede op. Og Frodos tragedie blev undermineret af, at han i filmen aktivt skubbede Gollum ned fra Dommedagsbjerget.

Tolkien havde lavet det interessante greb, at se det storslåede drama gennem de store heltes små hjælpere nemlig hobbitterne. I filmen er hovedperson Aragorn, og hobbitterne syntes mest at være i vejen for heltens rejse mod individuation. Filmen er i sig selv ikke en katastrofe, med mindre man sammenligner det med forlægget og indser, at den har fejlet i at forstå essensen af Tolkiens værk til fordel for en jungiansk kunstmytologisk skabelon.

Alan Moore har også prøvet at være igennem Hollywoods maskine. I Hollywoods egen selvforståelse burde Alan Moore bare være glad for, at de gad bruge hans materiale. Alan Moore blev knap så begejstret, da de fuldstændig misforstod og misbrugte ideerne bag From Hell, V for Vendetta og ikke mindst Det Hemmelighedsfulde Selskab, hvor han oven i købet blev sagsøgt af Larry Cohen og Martin Poll, der mente, at man havde brugt Alan Moore som skalkeskjul for at stjæle deres ideer, hvilket var helt absurd. Siden da har Alan Moore ikke villet vide af Hollywood, og selvom Hollywood til sidst producerede den vellykkede film Watchmen, havde han tabt interessen og ville ikke vide af den. Hollywood havde ikke helt forstået, at kampscenerne i tegneserien Watchmen ikke bare var fyld, men udtrykte en personkarakteristik, men til gengæld formåede de at bruge ideerne fra tegneserien konstruktivt.

I det hele taget kan Hollywood lære meget af tegneserier. Idémæssigt er Hollywood gået i stå og har brug for en hel ny måde at tænke film på. I filmene 300 og Sin City baseret på Frank Millers tegneserier af samme navn er det lykkedes dem at gribe en tegneserieæstetik og omsætte den til det hvide lærreds magi, om end fortællingerne i filmene ikke er særligt nyskabende.

Et eksempel på en film, der arbejder meget bevidst med det mytiske materiale er filmen The Dark Knight, der med titlen peger tilbage på Frank Millers version af Batman. Det er dog ikke en filmatisering af hans tegneserie. Her bruger karakteren Two-Face sin mønt som et symbol på penge, der ikke længere giver mening, samtidig med at jokeren viser sin vanvittighed ved at sætte ild til penge. Jokeren gør også grin med freudianske forklaringsmodeller ved hele tiden bevidst spille op mod dem, men hver gang fortælle en ny historie, så han kan få kortvarig sympati. At finde frem til alle de mange fine referencer og kunstmytologiske greb vil være et studie i sig selv, men filmen er i hvert fald et tegn på, at der blæser nye vinde i Hollywood, hvor den jungianske skabelon forhåbentlig er på vej ud til fordel for egentligt filmisk indhold.

Den danske filminstruktør Lars von Trier har med sine film også formået at tage mytologi alvorligt, samtidig med, at han med en verfremdungeffekt har en underliggende humoristisk tone, som ikke alle lægger mærke til, og faktisk er med til at give filmene katharsis. Kendetegnende for hans film er, at han vælger at dykke ned under overfladen og kompromisløst går hele vejen. Fra Forbrydelsens Element, der i øvrigt var inspireret af en novelle af Jorge Luis Borges, til Anti-Christ, har han formået at være en nørdet filminstruktør i en ellers overfladisk individualistgeneration, som han aldrig har passet rigtig ind i.

Hollywood har de sidste mange år haft stor succes med animationsfilm som Shrek, Ice Age og Find Nemo. Herhjemme har vi tilsvarende haft Terkel i Knibe og Rejsen til Saturn. Hvad angår animationsfilm benytter japanerne sig af mangastilen. Filminstruktøren Hayao Miyazaki fremviser en helt særlig sensibilitet med sine film Min Nabo Totoro, Kiki – den lille heks, Chihirio og Heksene samt Det Levende Slot. Og en film som Grave of the Fireflies af Isao Takahata viser, det kan lade sig gøre at lave anime, der tør tage animationsgenren alvorligt og nå ind under huden på sit publikum.

Endelig har film også en helt anden betydning for nørdkulturen. Musiksmag i nørdkulturen kan være meget forskellig, men der er et træk, der går igen nemlig interessen for filmmusik. Ofte finder filmmusik sin inspiration i klassisk musik, men i samspillet mellem film og musik er der opstået en nyudvikling af klassisk musik, hvilket visse tolvtone-teoretikere indtil for nylig ikke mente muligt. Alt var sagt. Nyskabelsen sker ikke ved at bryde med traditionen, men bruge den på en ny måde og tilføje nye elementer. Det burde faktisk ikke være nogen overraskelse, da kultur gennem tiden altid har udviklet sig på den måde. Med interessen for filmmusik peger nørdkulturen på en forbindelse mellem det narrative og det musiske udtryk, hvor musikken henter sine ideer i de fortællinger, som musikken giver liv til.

Fjernsyn

I dansk sammenhæng har Jakob Stegelmann med Troldspejlet på DR gjort en stor indsats for udbredelsen af nørdkultur via sine anmeldelser af spil, film og litteratur.

Men ellers er Tv-serien Star Trek uvægerligt forbundet med nørdernes subkultur. Det skyldes, at Star Trek tilbyder en kunstmytologi, hvor ingeniører glorificeres. Det er også en sekundær skabelse, seerne kan udforske og med tiden, har den endda fået sit eget sprog: klingon. Oprindelig var det en tv-serie i en kortvarig periode i 1960erne. Den fik kultstatus i nørdmiljøet og blev derfor taget op igen med succes i 1980erne.

Siden er der kommet flere serier og film. Når Star Trek er bedst, er den selvironisk og skaber verfremdung, som da Lt. Uhura i filmen Star Trek (2009) næsten kigger direkte ud på kameraet og siger, at det er en alternativ virkelighed. Når den er værst fremstiller Star Trek propaganda for et militærdiktatur, hvor alle på overfladen er glade og lykkelige. Mens ingeniører finder Star Trek tiltrækkende, fremstår serien for mere humanistisk orienterede nørder som et mareridt, hvor der ikke er plads til egentlig filosofisk tænkning, men kun handling. Det skal tilføjes, at det primært er gamle nørder, der ser Star Trek. Den har ikke samme betydning for netgenerationen, der i bedste fald opfatter den som old school retro-hygge.

En anden tv-serie, som har fået nyt liv, er Dr. Who. Den er ligeledes blevet lavet for at glæde gamle nørder med den twist, at de nye episoder også forsøger at henvende sig til husmødre. Som mytologisk nørdkarakter er Dr. Who fascinerende, fordi han er i stand til at rejse i tid, og dermed sætte tiden i perspektiv. En anden spændende karakter i den forbindelse er Hiro fra Heroes. Hiro har evnen til at rum-tids-manipulation og kan dermed ændre plot-rækkefølgen for selve historien. At have kontrol med fortællingen minder om at kontrollere et computerspil, hvilket betyder, at den tænkemåde passer godt til netgenerationen.

En anden identifikationsmarkør er *police procedural* (politiprocedurer), der er en undergenre af krimi-serier. Det gælder tv-serier som CSI, Sagen Genåbnet, NCIS. Fælles for dem er, at de har en kvindelig kriminaltekniker. En tradition der i hvert fald kan spores tilbage til X-files, hvor Dana Scully ikke var bange for at skære i lig og analysere dem. Denne karaktertype har fået mange unge kvinder til at drømme om en dag at blive kriminaltekniker.

Et andet træk er, at vi blevet meget mere vant til end tidligere, at tv-serier indeholder overnaturlige elementer fra Twin Peaks og Riget til Dead Like Me og Pushing Daisies. Med nørdkulturens udbredelse er vi blevet mere og mere vant til at kunne forholde os til fiktion, der leger med fantastiske fiktionsverdener, ligesom vi har set det med bøger, tegneserier, film og computerspil. Fantastik er på vej til at blive et dominerende kulturtræk.

Som et spin-off på Terminator-filmene fik vi tv-serien Terminator: The Sarah Connor Chronicles. Hvor de seneste Terminator-film synes at været ramt af metaltræthed, har tv-serien formået, at udvikle karakterer og plot på et dybere niveau. Vi har tidligere været inde på Stjernekrigsfilmene, men der findes også tegnefilms-tv-serien Star Wars: Clone Wars, som gør brug af mangastil. Det viser sig faktisk, at fortællingen i denne serie har mere at byde på end de prequels, der nåede filmlærredet. I begge tilfælde gælder, at den episodiske fortælleform egner sig bedre til at udforske fiktionsverdenerne.

Hvad angår animerede tv-serier sker der på denne front meget spændende, som det ses eksempelvis Dragejægerne, Monster Allergi og Kim Possible. Kendetegnene for dem, selvom de er meget forskellige, er, at de bevæger sig i fiktionsverdener, der benytter mytisk materiale og sætter dem ind i nye rammer. Den mytopoetiske episodiske fortælleform har i sandhed slået igennem.

Det nye er dog, at fjernsynet ikke længere automatisk er det sted, hvor disse tv-serier bliver set, og derfor handler det ikke længere så meget om at planlægge sit skema, så man kan følge med i nogle bestemte serier. Mange tv-serier bliver efterhånden set mere på Nettet end i fjernsynet. Det oplevede Danmarks Radio med deres julekalender Yallahrup Færgeby, idet netgenerationen helt naturligt valgte at se den på Nettet.

I dag ser ingen MTV for at kigge musikvideoer. Dem finder de på YouTube eller andre steder på Nettet. Derfor har tv-stationen måttet genopfinde sig selv med provokerende reality shows. Først havde de Tila Tequila inde i tv-showet A Shot at Love med Tila Tequila, hvor nøgenmodellen Tila Tequila var den biseksuelle præmie, som en mand eller kvinde i programmet gennem et udskilningsløb kunne vinde. Det kørte to sæsoner og blev derpå fulgt op med A double Shot at Love med Ikki-tvillingerne Rikki og Vikki efter samme formel. I sin jagt på seere til deres tv-station har MTV nu indledt et program kaldet Fashion Strip, hvor piger skal strippe og bagefter skynde sig at få tøjet på igen vel at mærke, så det sidder moderigtigt, og hvis ikke det lykkes at gøre dommerne fra den individualistiske MTV-generation tilfredse, ryger de gennem en faldlem.

Tilsvarende har vi herhjemme på TV3 tv-programmet Paradise Hotel. Her er det unge mennesker, der af ældre medarbejdere fra individualistgenerationen, placerer dem i et mystisk scenarie, hvor det kun kan handle om dem selv og deres seksualitet. Læg mærke til, at selvom de unge på kort sigt får en slags karriere i kølvandet på oplevelsen, så er det ikke den intellektuelle del af generationen, vi hører noget til. De lader vente på sig, og mon ikke de helst vil tage afstand fra Paradise Hotel.

Vi får ligeledes at se om MTV-konceptet overlever i en barsk medieverden, men i hvert fald er de unge blevet indplaceret som strippere, der til enhver en tid kan blive droppet gennem en faldlem, hvis dommerne finder dem ukorrekte i deres påklædning. Spørgsmålet er, om det er et selvbillede netgenerationen har lyst til at påtage sig på længere sigt, eller om de muligheder, nørdkulturen tilbyder, er mere tilfredsstillende.

Kunst og arkitektur

Et af de største brud i de kommende år kan blive bruddet med en kunst, der hører det tyvende århundrede til. Vi har alle pænt lært, at abstrakt modernistisk kunst, hvad enten den kubistisk eller vild er provokerende mod borgerskabet, og vi giver rask væk penge til den slags kunst projekter og fylder kunstinstitutionerne op med den slags værker. Problemet er, at den slags kunst egentlig ikke rigtig provokerer nogen længere, bortset måske nogle fiskere fra Thyborøn. I stedet hænger kunsten, når den ikke fylder op på museum, hjemme hos det pæne borgerskab, hvilket må være rædselsfuldt for dem, når det skulle provokere dem så meget. Nej, tværtimod har den abstrakte modernistiske kunst vist sig langt mere anvendelig som borgerskabets kunst, for den siger absolut ingenting udover, at dette er et kunstværk af en fin kunstner. Det peger med andre ord kun på sin status som kunstværk og intet andet, for det forestiller ikke noget.

Det er sket før i kunsthistorien, at en meget populær kunstretning pludselig på kort tid mister sin relevans. Den (post-)modernistiske kunst er i dag afhængig af, at kollektivist-generationen garanterer værkernes værdi, men når de går på pension, er der ikke nødvendigvis længere nogen til at opretholde den garanti. Så skal værkerne være noget værd i sig selv, og spørgsmålet er, om de er i stand til at bevare deres værdi uden kollektivisternes opbakning. Vores gæt er, at når den slags værker først begynder at falde i værdi, så falder de yderligere i værdi, fordi ingen længere kan se en mening med dem.

Vi forestiller os, at netgenerationen kan komme med et reelt alternativ, og det bliver ikke en brølende kronhjort. Til gengæld bliver det fortællende kunst, og arkitekturen vil følge samme spor. Den fortællende kunst vil finde sin inspiration i surrealismen, som den kendes fra Salvador Dalí og Wilhelm Freddie, men også M. C. Escher og H. R. Giger, der som bekendt designede Alien-figuren. Projektet kommer ikke til at handle om at gengive naturen realistisk. I samme ånd vil man finde inspiration i tegneserieverdenen, men ikke på samme måde Roy Lichtenstein, der søgte at vise, at popkultur var tømt for indhold og mening, men snarere i stil med Martin Bigum, der med sine billeder lige modsat viser, at tegneseriestilen faktisk kan bruges til at fortælle historier og formidle ideer.

Kunstteoretikeren Merete Sanderhoff har bemærket, at der i 1990erne kom en ny forholdsvis overset gruppe af kunstnere (heriblandt Martin Bigum), hvilken hun benævner passionister. Ud fra denne opdagelse retter hun en velfunderet og nidkær kritik af avantgardismens selvforståelse og mangel på forståelse for kunst, der ikke passer ind i deres snævre definitioner. Merete Sanderhoff peger fremad mod et bredere kunstbegreb, hvor der pludselig igen bliver plads til menneskelighed i kunstens form og indhold samt reel mulighed for nyskabelse.

Det kan få som konsekvens, at en kunstner som Otto Frello, der i dag befinder sig i periferien, kommer ind i varmen, fordi man vil være i stand til at værdsætte hans værkers fortællinger og ideer. Derimod vil Robert Jacobsen og Sven Dalsgaard sandsynligvis miste deres, ja hvad det nu var, de havde. Det bliver mere og mere uklart, hvad de egentlig havde at byde på, bortset fra at bekæmpe rindalisme, hvilket ikke har været relevant i en menneskealder. Det er vigtigt her at slå fast, at netgenerationens eventuelle afvisning af den abstrakte, modernistiske kunst ikke bliver et anti-intellektuelt oprør i stil med Rindals protest i 1960erne, men derimod lige omvendt en intellektuel dissekering af grundlaget bag den modernistiske kunst, og en undersøgelse af om den rent faktisk levede op til at være avantgarde eller blot simulerede det med simple slagord.

Skal vi pege på nogle kunstnere, der peger fremad mod det nye i kunsten, er det oplagt at nævne Julie Nord og Kathrine Ærtebjerg, der begge formår at bruge symboler og fiktion til konstruktivt til at skabe fantasifulde billeder. Men også japanske kunstnere som Kenji Yanobe og Mariko Mori viser med deres retro-futurisme, hvordan det er muligt at arbejde seriøst med betydninger og fortællinger i det 21. århundrede.

Vi kommer til at se et tilsvarende brud i arkitekturen, der ligeledes bliver mere fortællende, og i den proces genindfører det allermest forbudte i modernistisk arkitektur nemlig ornamentet, for det vil være det mest grænseoverskridende, man kan gøre i dag. Desuden indeholder ornamentet kvaliteter, som netgenerationen i modsætning til kollektivisterne vil være i stand til at værdsætte. Påstanden har hidtil været, at ornamenter forvirrer os, men det gør de kun, hvis vi lider af sub-creation blindness, hvis vi derimod udvikler sub-creation fluency, vil vi være i stand til at forstå verden på flere niveauer. Ja, faktisk kan brugen af ornamenter være med til at udvikle denne evne, hvilket er nødvendigt for at kunne begå sig i det 21. århundrede, da folk ellers har svært ved at forholde sig til computermediet og Internettet uden at blive forvirret.

Et scenarie er en opblomstring af raygun gothic (strålepistolsgotik), hvilket er et begreb hentet fra William Gibsons novelle Gernsback Kontinuet, og som henviser til en pludselig invasion af den futuristiske fremtidsarkitektur, der blev fremstillet som illustration til det tidlige tyvende århundredes science fiction-eventyr. For at få en idé om denne arkitektur kan man tænke på Seattles tårn Space Needle, Operahuset i Sydney og Det Kongelige Bibliotek i København. Forskellen fra modernismens reduktionistiske søgen efter rene former er den, at raygun gothic i sin nye form er bevidst om, at den arbejder med en fiktion og derfor behandler arkitekturen narrativt.

Et andet scenarie er en relancering af nogle af de avancerede udtryksformer, der stilistisk blev kaldt art nouveau, jugendstil og herhjemme skønvirke. Ved at tage udgangspunkt i verdenshistoriens mest geniale arkitekt Antoni Gaudí vil man blive i stand til at arbejde konstruktivt og narrativt med kunsten. Ved samtidig at følge op på Eugène Viollet-le-Ducs arkitekturteoretiske tanker, vil det kunne lade sig gøre at genoplive og videreudvikle en stilart, der i sin tid blev slået ihjel af forsimplede modernistiske skabeloner. Med en gaudianske arkitektur vil vi blive i stand til at hæve menneskeheden udover det ordinære.

Som eksempel på at den narrative menneskekærlige arkitektur er ved at vinde frem, finder vi Jakriborg i Sverige, hvor man har opbygget en moderne by med inspiration i middelalderen. Den har været billig at bygge og folk står i kø for at få lov til flytte ind. Det er med andre ord både en kunstnerisk og økonomisk succes.

Kunstnerisk og arkitektonisk kommer vi til at opleve et brud med tidligere doktrinære tænkemåder og kan igen begynde frit at fostre ideer, der skaber rum for mennesker gennem en bevidst brug af symboler og fortællinger.

Undergrund

Vi har nu været omkring forskellige perspektiver på æstetiske og kunstneriske trends og udviklinger, der kan opstå i forlængelse af netgenerationens magtovertagelse. De nye spændende udviklinger i nørdkulturen kommer ikke fra oven og ned, men bobler op fra neden. Denne boblen op kan i dag endnu lettere lade sig gøre med de muligheder, som Nettet stiller til rådighed. Folk kan udtrykke deres tanker og ideer ved at blogge, deltage i internetfora eller på anden vis udnytte Internettet til at komme ud med deres kunstneriske talent, hvad enten det er stort eller lille.

Fan fiction er en relativtny måde at udtrykke sig på. Det går ud på, at en skribent digter videre på et fiktionsunivers, og det kan være alt lige fra Star Trek og Stjernekrigen til Harry Potter og Twilight. Det er en kultur, der i høj grad er præget af kvindelige forfattere, idet ni ud af ti fan fiction-forfattere er hunkøn. Indrømmet, der er sjældent god litterær kvalitet, men der kan være mange gode ideer. Det vigtigste er dog, at selve processen at skrive fan fiction opbygger sub-creation fluency. Det samme kan man sige om fan art, der illustrerer karakterer fra fiktionsverdener i situationer, der enten er hentet fra fiktionen eller opdigtet til lejligheden. Nogle går videre og begynder at skrive helt egne noveller eller tegnserier, som de publicerer på Nettet, og nogen af dem opnår endda stor popularitet.

En særlig kunstart, som Tolkien var ynder af, er udviklingen af fiktive kunstsprog. Nogen har måske hørt om

Volapyk eller Esperanto, der begge var et forsøg på at skabe nye fælles sprog, der skulle være uafhængige af kultur. I modsætning hertil er Tolkiens elversprog eller Star Treks klingon udelukkende lavet med blik for kunst og æstetik. Den specielle subkultur af mennesker, der udvikler fiktive kunstsprog er i dag ved at udvikle en forholdsvis ny kunstart, som måske kun få kan værdsætte, og som kræver en dyb forståelse for lingvistik og kultur for at fungere overbevisende. Tolkiens oprindelige grund til at udvikle en mytologi, der senere blev til Ringenes Herre, var, at han havde brug for en overbevisende verden til sine kunstsprog, som han gerne ville bruge til at lave helt originale digte med. Digtene skrevet på elversprog var faktisk Tolkiens primære drivkraft.

Lidt i samme familie finder vi interessen for at skabe fiktionsencyklopædier, det vil sige leksika med fiktivt indhold. Denne særlige form kan anvendes som en anden måde at skabe en sekundær skabelse på. Med en wiki er det nemt at komme i gang, og man kan sagtens være flere om projektet, og man kan yderligere udvikle roller til en given encyklopædi, hvor hver rolle har sin egen skrivestil og præferencer.

Selvfølgelig finder der også spiludvikling sted i undergrunden, hvad enten der er tale om brætspil, rollespil eller computerspil. Igen er det oplagt at videndele, og der er rig mulighed for at samarbejde med hinanden og for udveksling af spil over Nettet. De forskellige konsoller understøtter gerne denne form for bruger-genereret indhold, som det hedder i branchens sprog. En del af det er naturligvis også at spille spillene. Men hvor spilbranchen mestendels satser på det sikre, er det blandt indie-spillene, at man kan finde nogle virkelige originale perler.

Nørdkulturen er desuden aktiv med at fremstille videofilm og lægge dem på YouTube med alt lige fra egne musikvideoer til filmspoofs. En særlig variant er machinima, der er små film baseret på computerspilskarakterer, hvor man laver en række set-ups i spillet og bagefter klipper det sammen til en kohærent film.

Det, der som helhed kendetegner nørdkulturens undergrund, er, at det er en deltagerkultur. Hver og en kan byde ind med noget og bidrage til fællesskabet. Internettet er et interaktivt medie, der i sin form understøtter disse aktiviteter rigtigt godt endda. Det er muligt at udvikle sine udtryksformer lokalt og få dem ud globalt. Det handler ikke bare om at blive underholdt, men også om at gøre en forskel ved selv at fremkomme med egne tanker og ideer. Uden denne undergrund vil nørdkulturen dø, for den er i sin udvikling afhængig af at alle bidrager aktivt til at skabe den kulturelle udvikling. Meget af det er måske knap så godt, men der bliver lavet så meget, at der til sidst fremkommer unikke kulturprodukter, der igen fremmer fortsat kulturudvikling. Det nye er, at nørdkulturen med Internettet er steget voldsomt, fordi det ganske enkelt er blevet almindeligt for netgenerationen selv at byde ind med egne værker, der indgår som en del af det nørdkulturelle kredsløb af æstetiske og kunstneriske frembringelser.

Seksualitet

Udviklingen af mobiltelefoner og Internettet har fået stor indflydelse på de sociale sider af vores liv. Før i tiden ville man have fundet det totalt nørdet at følge sine venner på Internettet. Nu er det blevet normalt. Før i tiden ville man have opfattet dating på Internettet, som vanvittigt nørdet, men i dag er det blevet normalt. Man kan stadig mødes på et diskotek, men det sker måske efter, at man har lært hinanden at kende via Internetprofiler.

Det betyder, at dating-situationen ændres. Internettet er i vidt omfang et tekstmedie, og hvis man skal score på Internettet, så kræver det, at man er i stand til at formulere sig nogenlunde fornuftigt. Det giver en fordel for intellektuelle personer overfor knap så intellektuelle. Det skal siges, at udseende, krop og køn naturligvis stadig har stor betydning, men ikke helt samme betydning som på et diskotek, hvor man knap nok kan høre, hvad hinanden siger, og hvor det drejer sig om at føre sig frem på et dansegulv. Netgenerationen har med Internet-dating ændret kulturen omkring kæresteri i en retning, hvor nørder får større fordele.

Internettet påvirker ikke blot dating, men også kulturen omkring seksualiteten. Homoseksuelle finder i dag partnere på Nettet og mødes ude i byen på diskoteker og restauranter. Før i tiden ville en nyudsprunget homoseksuel opsøge de homoseksuelle miljøer i storbyerne for at finde partnere. Nu kan de gå helt udenom disse miljøer, der af samme grund også oplever, at den helt særlige homoseksuelle subkultur dør ud, fordi der ikke i samme grad som tidligere kommer nye unge til. De unge kan nemlig forblive i deres homoseksuelle interessefællesskaber på Internettet og derfra finde partnere endda lokalt i forstæderne uden nødvendigvis at indfinde sig på homobarer i storbyerne.

Der opstår til gengæld steder på Nettet, der fremmer helt nye seksuelle feticher. Det gælder eksempelvis furries. Furries er en forholdsvis ny seksuel fetich, der udspringer af en interesse for antropomorfe tegneseriedyr, hvad enten der er tale om Disney- eller mangastil. Det er mennesker, der tænder på at klæde sig selv og deres seksuelle partner ud som sexede tegnserseriedyr. De kan også mødes på Internettet i form af deres furry-avatar, det vil sige som en virtuel karakter med udseende af deres tegneseriedyrefetich. Den virtuelle online-verden Second Life har hele territorier såsom FurNation Worlds og Fur Valleys, hvor furries kan mødes, og hvor alle deltagerne i den virtuelle verden med hver deres avatar fremstår som et tegneseriedyr. Blandt furries eksisterer en problematisk tilgang til livet, idet der er en udbredt opfattelse, at det er bedre at være tegneseriredyr end menneske. Derfor dyrker furries de barnlige og dyriske sider af sig selv og lader hånt om voksen rationalitet.

På Second Life kan man også finde goreanere. Dette er ligeledes en ny seksuel fetich, der i dette tilfælde går ud på at lege en sadomasochistisk fantasi baseret på John Normans science fiction-romaner om planeten Gor, hvor mandlige barbarer holder kvindelige slaver. Goreanerne påtager sig roller i dette fantasi-univers gennem deres avatarer. Som seksuel fetich adskiller den sig fra det hidtil kendte sadomasochistiske lege ved at have dette ekstra lag af fiktion. De udlever således ikke bare en seksuel fantasi, men en helt særlig fiktionsverden omkring deres seksuelle fantasier. Et udtalt problem for goreanerne er, at de ikke kan skelne virkelighed og fiktion. Mange af dem tror, at Gor eksisterer, og andre igen mener, at Gor-verdenen er et ideal, vi skal opnå her på Jorden, hvilket i et vanvidsscenarium kan få uhyggelige politiske konsekvenser.

Da tegneserie- og science fiction-miljøet samt onlineverdener på Internettet, som vi har påpeget, er en del af nørdkulturen, må vi nødvendigvis opfatte disse nye seksuelle feticher, som en konsekvens af nørdkulturens udbredelse. Det, vi ser med furries og goreanere, er, at det er folk, der i bedste fald udlever nogle seksuelle fantasier med en klar bevidsthed om, hvordan de nye medier fungerer. I værste fald er det folk, der lider af sub-creation blindness, og som har svært ved at navigere i en verden med forskellige virkelighedsniveauer.

Fremtidsscenarium

Det, vi her har fremstillet, er et fremtidsscenarium. Vi har lagt vægt på nogle trends frem for nogle andre, og selv om vi naturligvis tror på den kulturelle udvikling, vi fremstiller, så vil det også undre, hvis alt sker nøjagtig, som vi har forudsagt det. Heldigvis er verden foranderlig. Detaljerne kan udvikle sig anderledes, og nye trends kan opstå.

Når det sagt, vil vi gerne fastholde hovedpunkterne: 1) Kollektivistgenerationen går rent faktisk på pension i 2010erne, og netgenerationen overtager deres stillinger som offentligt ansatte videnarbejdere, 2) med disse stillinger følger kulturel magt, og 3) nørdkulturen vinder med Internettet større udbredelse end tidligere og kan vise sig at være den kultur, som den intellektuelle del af netgenerationen udbreder.

Vi ser et opgør med individualismen – ikke kun på grund af finanskrisen, men nok så meget fra den kommende netgeneration af offentligt ansatte videnarbejdere. Det vil skabe en stærk selvidentitet, hvis de sammen kan gøre op med individualisternes værdier og sætte deres egen dagsorden.

Hvis ikke det kulturelle skift, som vi her har ekstrapoleret, går i opfyldelse, kan vi risikere, at vi stagnerer fuldstændigt. Vi bliver så ved med at lave (post)modernistisk meningsløs kunst, som vi bliver ved med at italesætte som nyskabende, selvom det er kopier af kopier. Det vil derfor være uhyggeligt, hvis der ikke sker noget på det politiske, kulturelle og æstetiske område i de kommende år. En sådan stagnation kan nemlig, når den først er sat ind, vare i flere hundrede år. Men mon ikke USA alligevel skaber fornyelse. Spørgsmålet er blot om Europa kan følge med.

Vi er ikke lalleglade optimister, men heller ikke pessimister. Vi håber og tror på, at der kan ske kulturel og æstetisk udvikling og fornyelse. Ildprøven for netgenerationen består i at udvikle sub-creation fluency og dermed undgå det kikkertsyn, der stammer fra industrisamfundet, og som ikke er i stand til at håndtere vidensamfundet.

Om forfatterne

Lars Konzack (f. 1969), cand. mag. i informationsvidenskab, Ph. D. i multimedie. Spilforsker og foredragsholder. Har skrevet et væld af artikler samt bøgerne *Softwaregenrer* og *Edutainment: Leg og lær med computermediet*.

Ian Dall (f. 1973), cand. theol. Rollespiller. Bred interesse i æstetik og kultur fra litteratur og film til kunst og spil. Tip-tip-oldebarn af musikprofessor Philip Cipriani Hambly Potter.